APPRENEZ À CONTRÔLER VOS DÉPEN$ES

Caroline Lalande

APPRENEZ À CONTRÔLER VOS DÉPEN$ES

Guide pour ceux qui n'aiment pas se faire un budget

BÉLIVEAU
éditeur

Réalisation de la couverture : Christian Campana
www.christiancampana.com
Illustration de la couverture : iStockphoto

Dépôt légal : 1er trimestre 2014
Bibliothèque et Archives nationales du Québec
Bibliothèque et Archives Canada

ISBN 978-2-89092-616-5

BÉLIVEAU éditeur
920, rue Jean-Neveu
Longueuil (Québec) Canada J4G 2M1
450 679-1933 Télécopieur : 450 679-6648

www.beliveauediteur.com
admin@beliveauediteur.com

Gouvernement du Québec — Programme de crédit d'impôt pour l'édition de livres — Gestion SODEC — www.sodec.gouv.qc.ca.

Nous reconnaissons l'aide financière du gouvernement du Canada par l'entremise du Fonds du livre du Canada pour nos activités d'édition.

IMPRIMÉ AU CANADA

Je dédie ce livre
aux quatre hommes de ma vie.

Table des matières

Introduction

Partout dans les médias, vous entendez parler du surendettement des ménages, de planification de retraite inexistante, de fonds de retraite disparus. Il ne se passe pas une semaine sans qu'il y ait au moins un article dans les journaux criant l'urgence de la situation. À les entendre, l'apocalypse financier vous attend au détour.

Vous aimeriez contribuer à votre fonds de retraite de façon plus significative, mais avec les nombreux comptes mensuels, l'hypothèque, la garderie, le service de garde, l'épicerie qui ne cesse d'augmenter, les dépenses par-ci, les dépenses par-là... alouette, alouette, ah! Évidemment, ce qui finit toujours par être reporté, c'est le remboursement des dettes, les économies et la retraite. Êtes-vous devenu expert à repousser le problème, voire à dépenser plus pour vous faire croire que la situation n'est pas si catastrophique?

Au même moment, vous êtes régulièrement sollicité par la poste pour acquérir une nouvelle carte de crédit. Et comme celle-ci offre un taux d'intérêt avantageux, vous allez de l'avant... Ainsi, l'aveuglement continue et l'étau se resserre. Les cartes se multiplient, la dette augmente.

Avez-vous l'impression que le gouffre se rapproche de plus en plus?

Vous gagnez un bon salaire, mais vous vous questionnez à savoir où va votre argent. Comment arrivez-vous à dépenser autant en n'y voyant que du feu?

Êtes-vous de ceux qui dépensent toujours un peu plus que ce que vous gagnez, vous rapprochant ainsi, petit à petit, d'un écueil financier irréversible?

Vous désirez avoir un meilleur contrôle de vos finances?

Vous n'êtes pas le seul!

Ce que vous vivez, ce que vous ressentez est l'apanage de milliers de Canadiens et de Québécois. Au même titre que l'on entend de plus en plus parler de la dette des gouvernements et des montants qui doivent être alloués au remboursement de celle-ci, chaque famille vit une situation similaire. L'endettement permet de continuer à maintenir un train de vie, mais avec chaque jour qui passe, le fardeau de cette dette s'alourdit et devient de plus en plus difficile à porter.

Les statistiques le démontrent: en 1980, le ratio de la dette d'un ménage selon le revenu personnel disponible était de 66%. Il a récemment dépassé les 150%[1]. Il s'agit d'une augmentation de plus de 125% en une trentaine d'années seulement!

Toujours selon une étude de Statistique Canada effectuée en 2009, 48% des répondants avaient un solde impayé sur leur carte de crédit[2]. Comme quoi le crédit augmente, mais les ménages ne se dotent pas de moyens pour bien gérer cette augmentation de leurs dettes personnelles.

---

1. Statistique Canada. *L'endettement des ménages au Canada*. Raj K. Chawla et Sharanjit Uppal, 23 mars 2012. Consulté en novembre 2013. www.statcan.gc.ca/pub/75-001-x/2012002/article/11636-fra.pdf.
2. Idem.

Peut-on continuer sur cette voie bien longtemps?

La réponse est non. Il faut agir! Vous pouvez continuer à maintenir votre même train de vie un certain temps, mais tôt ou tard vous frapperez le mur.

Comment rectifier la situation? Comment faire si, à la seule idée de vous faire un budget, la nausée vous prend?

Je vous propose ici une approche de redressement financier basée sur le futur et non pas sur le passé. Personne ne veut ressasser ses erreurs. Au diable ce qui a été fait! Concentrez-vous sur l'avenir!

Qui donc peut tirer profit de cette méthode? Quiconque correspond à au moins une de ces affirmations:

- Vous ne faites pas le suivi régulier de vos dépenses.
- Vous êtes incapable de vous faire un budget et surtout de le suivre.
- Vous avez l'impression de perdre tranquillement le contrôle de vos dépenses.
- Vous n'avez aucune idée d'où va votre argent.

Cette méthode est pour vous!

▶ *Ma méthode?*

- Elle est simple.
- Elle est facile à mettre en pratique.
- Elle donnera des résultats dès les premiers jours.
- Elle est appliquée à votre rythme.
- Et, surtout, elle ne vous demande pas de faire un budget.

Êtes-vous tenté de découvrir les secrets de cette recette toute simple? Êtes-vous prêt à reprendre le contrôle de vos finances?

UNE APPROCHE DE REDRESSEMENT FINANCIER SIMPLE, FACILE, EFFICACE, À VOTRE RYTHME ET SANS BUDGET

Une méthode pour ceux:

- qui ne suivent pas le compte de leurs dépenses;
- qui sont incapables de mettre en place un budget;
- qui pensent perdre le contrôle de leurs dépenses;
- qui n'ont aucune idée d'où va leur argent.

Chapitre 1

Le nerf de la guerre

Avant de pouvoir trouver une réponse, une solution à un problème financier, il faut d'abord comprendre d'où vient la problématique. Comment les ménages ont-ils pu passer de 66% à plus de 150% de ratio d'endettement? Sans vous attarder sur votre situation en particulier, il importe quand même de comprendre le phénomène social. Car il s'agit bel et bien d'un phénomène généralisé. Vous n'êtes pas seul dans votre barque. Des milliers de familles vivent, comme vous, un peu (ou beaucoup!) au-dessus de leurs moyens sans comprendre ce qui leur arrive.

La société de consommation

Vous entendez souvent parler de surconsommation. Qu'est-ce que cela veut réellement dire? Selon le dictionnaire Larousse, la surconsommation est définie comme une «consommation excessive». De l'excès, tout simplement.

Êtes-vous en excès? Surconsommez-vous? Et si tel est le cas, comment en êtes-vous arrivé là?

Un autre terme souvent utilisé est la «société de consommation». Wikipédia offre une définition intéressante de cette notion:

> «La notion de **société de consommation** désigne un ordre social et économique fondé sur la création et la stimulation systématiques d'un désir d'acheter des biens de consommation et desservis dans des quantités toujours plus importantes. Pour entretenir la consommation, les biens consommés sont souvent peu durables, ou même sont produits et vendus dans la perspective d'une obsolescence programmée. La consommation tend alors à dominer la morale. "Relativiser la croissance économique et la consommation" revient alors à rechercher le "bien-vivre"[3].»

Le bien-vivre, votre «bonheur», serait-il dorénavant directement lié à votre capacité à consommer? Et comme par définition l'être humain est toujours en quête de bonheur, dépenserait-il toujours de plus en plus?

Le nerf de la guerre? C'est la consommation, *votre* consommation. J'élaborerai sur quatre facteurs qui ont largement contribué à cette consommation excessive, soit:

- les mœurs
- la publicité
- l'accès au crédit
- la loi de l'offre et la demande

▶ *Les mœurs*

Vous, tout comme moi, consommons beaucoup, voire trop. Difficile de s'y soustraire. Pourquoi? Parce que la consommation fait maintenant partie des mœurs. Il y a de cela cinquante ans, les enfants n'avaient pas autant de jouets. Les

3. Wikipédia. Consulté en novembre 2013. http://fr.wikipedia.org/wiki/Soci%C3%A9t%C3%A9_de_consommation.

femmes n'avaient comme maquillage qu'un fard à paupière, un crayon, un mascara et un rouge à lèvres. Les ménages ne possédaient qu'une voiture. Personne n'allait outre-mer une fois par année, par unique désir de changer d'air. Les jeunes économisaient en vue de leur mariage plutôt que dépenser et profiter de la vie au maximum avant d'avoir des enfants.

Plusieurs se définissent par ce qu'ils possèdent plutôt que par ce qu'ils accomplissent. La société prône l'abondance. Pourquoi se restreindre? Pourquoi se contenter d'un petit pain? Un peu comme si des décennies de pauvreté avaient fait exploser la classe moyenne, ce qui se traduit par des comportements où l'on se croit tout permis. Bien vivre aujourd'hui, c'est pouvoir s'offrir ce qu'on désire.

Les mœurs ont beaucoup évolué ces dernières années. Pour le mieux ou pour le pire? Ce n'est pas à moi d'y répondre. À chaque époque ses forces et ses faiblesses. Il n'en reste pas moins qu'il vous faut vivre selon votre réalité et ne pas amener les mœurs à vous faire couler...

▶ *La publicité*

La publicité fait partie de votre vie, que ce soit à travers les panneaux publicitaires au bord des routes, les magazines, les messages télévisés, les «pop-ups» sur Internet, voire même les écrans animés placés dans les toilettes publiques. Vous êtes littéralement bombardé de publicité. Les entreprises dépensent des fortunes en marketing. Et ça marche! Submergé que vous êtes, la campagne opère lentement mais sûrement. À force de voir de belles voitures de l'année partout, vous finissez par penser que votre *minoune* de six ans devrait être remplacée... Toutes ces images léchées crient à tue-tête votre besoin de ceci ou de cela. Elles vous rappellent à tout moment de la journée qu'il vous manque quelque chose. *Avec telle bébelle, vous serez heureux comme untel.* Sarcasme, vous me direz?

La plupart des annonces utilisent le même concept... Et *bingo!* Ça marche! Tels objets se vendent tellement qu'on finit par être marginalisé si on ne les possède pas. Car la publicité n'est pas seulement une question de panneaux, elle s'affiche même directement sur les gens qu'on côtoie. Un exemple simple: imaginons un homme qui prend l'autobus et qui écoute de la musique sur son baladeur... à cassette (!) Eh bien, le regard des autres va le marginaliser à coup sûr. En fait, le besoin de base est le même: il désire écouter de la musique dans l'autobus. Son besoin est comblé. Mais, avec le temps, la pression sociale aura raison de lui et il finira, lui aussi, par acheter un baladeur numérique de type iPod ou MP3... Tout le monde «porte la marque» avec ses écouteurs blancs. S'il résiste envers et contre tous à la pression sociale, il sera quand même forcé de le faire, car les cassettes ne seront disponibles que dans les marchés aux puces et les musées. Voilà un impact réel d'un monde enseveli par la publicité. Oui, le monde évolue. Mais la publicité propulse cette évolution à des vitesses spectaculaires tout en créant une surenchère perpétuelle. On est «in» ou on est «out». Et personne ne veut être «out», naturellement.

L'accès au crédit

Bien entendu, pour consommer, il faut avoir accès à des liquidités. Une des raisons pour lesquelles vos parents consommaient moins, c'est qu'ils dépensaient selon leurs moyens. L'accès au crédit était beaucoup plus restreint. Pour partir en voyage, vos parents devaient mettre l'argent de côté AVANT de partir. Sinon, ils restaient à la maison.

L'accès au crédit nous a ouvert un monde de possibilités. Pour le meilleur ... et pour le pire. Notre façon de budgéter et de prévoir a été chamboulée. On part en vacances, on met tout sur la carte et on s'arrange avec la dette plus tard. Au lieu de prévoir, on réagit après coup. Si vous épargnez en vue de votre voyage, il sera beaucoup plus facile de faire des concessions au jour le jour, car vous avez un objectif en tête: *votre carotte.* Mais si vous avez déjà fait votre voyage, la motivation à rembourser sera-t-elle aussi forte? Prenez l'exemple de l'âne: courra-t-il aussi vite pour se rendre à la ligne d'arrivée s'il n'a pas la carotte au bout du nez?

En ayant un meilleur accès au crédit, vous pouvez vous offrir plus de biens, améliorant ainsi votre image sociale. Ensuite, il faut continuer à consommer afin de maintenir cette illusion d'aisance. C'est alors que s'amorce un engrenage sans fin.

▶ *La loi de l'offre et la demande*

Finalement, je ne peux passer sous silence la loi de l'offre et la demande, le facteur le plus pernicieux à mon sens. Pourquoi? C'est une simple question mathématique.

Que ce soit à cause des mœurs, de l'effet de la publicité ou de l'accès facilité au crédit, nos besoins ont augmenté. En haussant la demande, l'offre a dû, elle aussi, être accrue pour soutenir ces nouveaux besoins. Accroître l'offre implique de la publiciser, de la faire connaître, ce qui crée une demande supplémentaire. Et ainsi de suite...

Les cours offerts aux enfants sont un exemple concret de cette application. De nos jours, les enfants peuvent suivre des cours en tous genres: hockey, football, soccer, patinage artistique, gymnastique, natation, plongeon, cuisine, musique, ballet, arts martiaux, *cheerleading*, cirque... Une panoplie incroyable de cours est à leur portée. Comment choisir? Car qui dit faire un choix implique aussi de laisser tomber autre chose. Il n'est donc pas rare de voir un enfant demander lui-même deux à trois activités différentes, car il ne veut rien manquer. Plutôt que de l'inscrire au soccer seulement, il joue en plus au hockey et fait aussi de la natation, car il est très important de savoir nager. Et c'est sans compter que votre enfant a peut-être d'autres goûts ou talents, ce qui implique de l'inscrire en musique ou en gymnastique. L'offre a donc provoqué la demande (de une activité parascolaire, vous êtes passé à deux, voire trois par enfant). L'augmentation de la demande a provoqué, à son tour, une augmentation de l'offre, qui finalement vous place dans une position où vous aurez toujours l'impression de manquer quelque chose d'intéressant.

Comprendre pour mieux réagir

En comprenant d'où vous venez et la situation dans laquelle vous êtes, vous pourrez avancer. Vous voyez?

> *« [...] pour espérer, pour aller de l'avant,*
> *il faut savoir aussi d'où l'on vient*[4]*. »*

La société vous a mené, tranquillement et de façon insidieuse, vers une surconsommation dont vous êtes maintenant victime. Vous avez alors le choix entre deux possibilités:

---

4. KI-ZERBO, Joseph. *Histoire de l'Afrique noire*. Citation tirée de la préface de Fernand Braudel, Hatier, Paris, 1972.

La première: pleurer sur votre sort, blâmer la société et continuer exactement comme vous le faites.

La deuxième: retrousser vos manches, **prendre conscience** du lavage de cerveau exercé par la publicité et la société de consommation dans laquelle vous vivez, et trouver des moyens de remédier à la situation.

*

Maintenant que vous avez fait votre choix, je vous propose ici une méthode qui vous permettra de reprendre le contrôle de vos dépenses sans toutefois vous astreindre à faire un budget ou à changer votre vie du tout au tout.

Quelques clarifications

Avant de vous lancer corps et âme dans cette aventure, il convient de mettre certaines choses au clair.

PREMIÈREMENT
Cette méthode est conçue pour vous aider à redresser vos finances avec le temps

Si vous êtes présentement au bord du gouffre financier, cette approche n'est pas pour vous. Vos créanciers vous appellent jour et nuit et vous pensez perdre votre maison? Il est temps de prendre les grands moyens. Cette méthode, bien qu'elle puisse vous être utile, ne fait pas partie de ces grands moyens. Si vous en êtes rendu à cet extrême, vous devez consulter des professionnels qui pourront vous diriger vers les bonnes ressources. Plusieurs organismes, comme les associations de consommateurs, peuvent vous guider.

DEUXIÈMEMENT
Vous devez vous donner du temps

Comme il ne s'agit pas d'une méthode drastique, la qualité de vos résultats sera directement proportionnelle à la qualité de vos efforts. Vous appliquez les mesures proposées 50% du temps, vous aurez 50% des résultats. La méthode est aussi mise en place sur plusieurs semaines. Comme le dit le dicton, vous devez laisser le temps au temps de faire son œuvre... sans toutefois baisser les bras!

TROISIÈMEMENT
Respectez votre rythme

Ma méthode est flexible. Pourquoi est-ce si important? Pour éviter que vous laissiez tout tomber! Les étapes vont trop vite pour vous? Ralentissez! Vous êtes angoissé? Réagissez! Mais n'abandonnez pas. Les efforts que vous ferez porteront fruit. Il est préférable d'en faire un peu moins plutôt que de tout arrêter après quelques jours. Voilà pourquoi il est important de respecter votre rythme.

QUATRIÈMEMENT
Rien ne sert de ressasser le passé

Vous en êtes là car vous avez fait des excès, des erreurs, vous avez divorcé ou autre. Rien ne sert de tourner le fer dans la plaie. À trop réfléchir sur le passé, certains baissent les bras avant même de commencer. *À quoi bon?* se disent-ils. Revenir sur le passé peut vous motiver afin de ne pas répéter les mêmes erreurs, mais trop le ressasser devient néfaste. Savez-vous qu'il faut cinq commentaires positifs pour effacer ne serait-ce qu'un seul commentaire négatif? Alors concentrez-vous sur vos accomplissements!

*

Vous êtes maintenant prêt à débuter votre apprentissage des modes financiers.

Chapitre 2

Les modes financiers

Un budget établit des barèmes tellement restrictifs qu'il ne convient pas à la majorité des gens. Je voulais trouver une façon d'établir des balises sans toutefois devoir vous limiter à des montants en particulier. C'est de là que sont nés les modes financiers.

Qu'est-ce qu'un mode financier?

Un mode financier est une façon de nommer l'état de vos finances et ainsi savoir quel type de dépenses vous pouvez vous accorder.

Il existe trois types de dépenses. Les dépenses *absolument nécessaires* (soit celles dont on ne peut se soustraire), les dépenses *nécessaires*, mais qui peuvent attendre ou être repoussées, et les dépenses *superflues*.

Le grand défi auquel vous ferez face à tous les jours sera de faire la distinction entre ces trois types de dépenses. La société de consommation vous a porté à croire que toutes vos dépenses sont vitales, même celles pour les loisirs. Voilà la société dans laquelle vous vivez. Il n'y aurait aucun problème si vous pouviez vous permettre tous ces frais sans affecter votre situation économique. Malheureusement, ce n'est probablement pas le cas. Il n'y a qu'à regarder le nombre annuel de faillites et de propositions (arrangements proposés aux créanciers en vertu de la *Loi sur la faillite et l'insolvabilité*) pour constater qu'une grande partie de la population vit bien au-dessus de ses moyens.

Vous en tenir exclusivement aux dépenses vitales peut rapidement vous démotiver. Il faut vivre après tout! C'est pourquoi il existe *trois* modes financiers. Ils vous permettront de passer à des pratiques plus ou moins restrictives selon votre situation.

La méthode est simple et se base sur ces trois modes financiers, soit:

- le mode «grande récession»;
- le mode «restriction budgétaire»;
- le mode «standard».

Pourquoi leur donner des noms? Par mesure d'efficacité. Par exemple, chez moi, je n'ai qu'à dire à mon conjoint que nous sommes maintenant en mode grande récession afin qu'il modifie ses habitudes et que nous rétablissions l'équilibre budgétaire. Je communique ainsi l'état de nos finances sans avoir à me lancer dans une longue discussion pénible qui créerait des tensions inutiles au sein de notre couple.

«Mon amour, nous devons maintenant passer en mode grande récession.»

Versus

«Mon amour, tu as beaucoup trop dépensé le mois dernier. À cause de cela, on a dû mettre des dépenses sur la carte de crédit et je ne suis vraiment pas contente. Tu ne vas pas remettre ça ce mois-ci, j'espère! Arrête de dépenser pour des niaiseries.»

Que préférez-vous?

▸ Les modes financiers

Vous allez maintenant découvrir le ***grand secret*** qui vous permettra d'optimiser votre budget à votre rythme. Voici comment appliquer les modes financiers :

- Grande récession
  – *J'achète ce qui est **absolument nécessaire**.*
- Restriction
  – *J'achète ce qui est **nécessaire**.*
- Standard
  – *J'achète ce que bon me semble.*

Voilà! Vous possédez dorénavant un outil redoutable pour vous refaire une santé financière!

Allons un peu plus en détail sur ces trois modes.

Le mode grande récession

En mode grande récession,
j'achète ce qui est ***absolument nécessaire***

Le mode grande récession est le plus important. Le principe est simple à suivre et si vous le mettez en pratique, vous verrez *immédiatement* une amélioration.

Avant chaque dépense, vous devez vous demander : Est-ce *absolument* nécessaire? En ai-je *absolument* besoin? Il est primordial ici de réfléchir à la différence entre ce dont vous avez absolument besoin et ce que vous pensez être essentiel. Vous serez surpris du nombre d'achats qui ne sont pas d'une absolue nécessité. Vous devez vous poser la question avant chaque item déposé dans le panier et avant chaque transaction à la caisse.

Est-ce absolument nécessaire?

En mettant en pratique ce mode, vous verrez instantanément des améliorations et vous serez en mesure de dépister plus facilement les dépenses courantes et occasionnelles qui, après tout, ne sont pas vitales. En vous posant la bonne question et en étant honnête dans votre réponse, vous redresserez rapidement votre situation financière.

À travers ce guide, j'élaborerai sur la mise en pratique du mode grande récession. Il s'agit d'une façon de penser tout à fait différente des valeurs véhiculées par la société de consommation. Plutôt que de prioriser l'apparence et le superflu, vous puiserez dans vos valeurs profondes, vous reviendrez à la base de vos besoins sans toutefois vous restreindre à outrance.

À travers votre parcours en mode grande récession, vous apprendrez à redécouvrir vos réels besoins, les *essentiels*. Vous vous libérerez de la pression exercée par la société de consommation. Vous apprendrez à faire des choix non pas dictés par les autres mais plutôt influencés par vos valeurs profondes.

Le mode restriction

EN MODE RESTRICTION,
J'ACHÈTE CE QUI EST ***NÉCESSAIRE***

Le mode restriction est moins limitatif. Le principe reste le même: avant chaque item déposé dans le panier, avant chaque transaction à la caisse, il importe de se poser la question: *Est-ce nécessaire?* Chaque item non nécessaire doit être remis sur les tablettes ou à la caissière.

L'exemple parfait pour illustrer la différence entre le mode restriction et le mode grande récession est le suivant:

> Amélie est une jeune femme d'affaires depuis quelque temps. Ses dépenses reliées au travail ont créé un déséquilibre budgétaire important et elle se doit de reprendre le contrôle des sommes dépensées. Elle ne dispose que de peu de vêtements professionnels et, voyant l'été arriver à grands pas, elle constate qu'elle n'a presque pas de tenues estivales appropriées.
>
> Début juin, Amélie réussit à obtenir un rendez-vous important avec un entrepreneur, ce qui pourrait augmenter considérablement son chiffre d'affaires. Quelques jours avant ledit rendez-vous, Amélie regarde les options dans sa garde-robe et réalise qu'elle aurait besoin d'un tailleur neuf pour la saison estivale.

À votre avis, l'acquisition d'un tailleur est-il absolument nécessaire? Amélie pourrait-elle faire cette acquisition en mode grande récession? Le pourrait-elle en mode restriction?

En mode grande récession, Amélie ne pourrait malheureusement pas procéder à l'achat sans mettre en péril son plan de redressement financier. Dispose-t-elle présentement de vêtements professionnels? Oui. Amélie peut-elle se passer d'un nouveau tailleur? Oui. Le vêtement n'est donc pas une dépense absolument nécessaire. Elle devra faire preuve de créativité vestimentaire et trouver un agencement dans ses vêtements existants qui saura mettre en valeur son professionnalisme.

Par contre, en mode restriction, Amélie aurait pu en faire l'acquisition. Comme elle a besoin de vêtements d'été pour le travail, cela s'avère une dépense nécessaire et non une dépense superflue.

Le mode standard

EN MODE STANDARD,
J'ACHÈTE CE QUE BON ME SEMBLE

Le mode standard est définitivement mon préféré! Finalement, je peux dépenser comme bon me semble. Attention! Il ne faut pas tomber dans l'excès! Les périodes de relâchement budgétaire sont aussi importantes, ne serait-ce que pour votre moral!

Le défi du mode standard est de savoir quand vous devez revenir vers un mode plus limitatif. Il faut avoir du courage pour revenir en mode restrictif ou grande récession! Par contre, je vous promets que le mode standard n'en sera que plus satisfaisant. Rien de tel que de se priver un peu pour apprécier pleinement quelques dépenses superflues!

Le secret du succès

Je ne vous le cacherai pas, le succès de cette méthode repose sur la mise en action dès maintenant des étapes qui vous seront présentées. Rien ne sert d'avoir les meilleurs ingrédients et ustensiles; si on ne passe pas à l'action, il sera impossible de faire un gâteau!

La mise en application de cette recette a été séparée en six étapes. Vous avez la liberté de prendre le temps que vous voulez pour chaque étape. En fait, vous pourriez vous arrêter à la première étape et vous verriez déjà beaucoup d'amélioration. C'est ce qui rend cette méthode spéciale. Vous pouvez ne mettre en application qu'une petite partie de la méthode et cela vous sera quand même bénéfique.

Dès maintenant, au fil de votre lecture, mettez en application les outils proposés.

*

Je vous ai exposé l'essentiel des ingrédients de ma recette. Êtes-vous prêt pour le savoir-faire, c'est-à-dire comment appliquer au jour le jour les modes financiers?

Chapitre 3

Première étape : la grande récession et les dépenses courantes

Grand bien vous fasse de connaître la théorie, mais cela ne sert à rien si l'on ne sait comment la mettre en pratique. À travers les étapes, je vous guiderai vers une série d'actions à prendre qui vous permettront d'atteindre votre autonomie financière. Portez une attention particulière à la première étape. C'est la base de tout ce que vous allez entreprendre.

Instaurons le mode grande récession

Afin d'entamer vos bonnes résolutions et ainsi briser certaines habitudes de consommation qui vous sont néfastes, il est judicieux de commencer l'exercice en mode grande récession. La première étape sera donc d'instaurer ce mode.

Mode grande récession, est-ce absolument nécessaire ?

Vous venez de faire un grand pas vers votre autonomie financière. À partir de *maintenant*, vous êtes en mode *grande récession*!

Comme le mode grande récession s'applique uniquement aux nouvelles dépenses, finie la culpabilité. C'est terminé de ruminer vos dépenses d'antan. À partir de maintenant, vos yeux doivent être tournés vers l'avenir!

Jetez votre culpabilité aux poubelles! Vous n'avez aucun pouvoir sur le passé, mais l'avenir vous appartient!

D'abord et avant tout, vous devez vous engager à instaurer le mode grande récession dans votre quotidien. Comme il n'y a jamais de bon temps pour commencer, je vous suggère, tout simplement, de commencer... *maintenant!*

Mon engagement

À partir d'aujourd'hui, avant de mettre un item dans mon panier, avant de sortir de l'argent ou une carte pour effectuer un paiement, ***je m'engage :***

1. ***à me demander si cette dépense est absolument nécessaire;***
2. ***à remettre l'item sur les tablettes si la réponse est non.***

Plutôt facile comme méthode n'est-ce pas? UNE question simple avant chaque achat et vous verrez votre santé financière s'améliorer considérablement!

Bien entendu, Rome ne s'est pas faite en un jour! Vos finances non plus! Fort à parier que vous oublierez de temps à autre, que vous déciderez volontairement de faire taire cette petite voix de la sagesse qui vous chuchote que la dépense n'est pas absolument nécessaire.

Le secret de votre réussite dépend de votre discipline à respecter votre engagement et de votre capacité à faire preuve d'indulgence envers vous-même. De grâce, ne laissez pas tout tomber sous prétexte que vous avez fait un faux pas! Ayez la sagesse d'admettre vos erreurs, continuez vos efforts tout en essayant de faire mieux la prochaine fois.

Le mode grande récession au jour le jour

Vous avez pris l'engagement de redresser vos finances. Vous avez adhéré à la méthode et vous vous apprêtez à instaurer le mode grande récession au quotidien. Mais rien n'y fait, chaque fois que vous passez à la caisse, vous oubliez de vous poser la question. Ne vous inquiétez pas, c'est tout à fait normal. Vous êtes fait ainsi. Votre subconscient, la force de vos habitudes créent des barrières aux changements. Il n'est pas toujours facile de briser une habitude ancrée depuis des années. Je vous suggère alors deux trucs simples:

PREMIER TRUC

Apposez un petit collant sur toutes vos cartes de crédit et sur votre portefeuille

Assez simple mais très efficace. À chaque fois que vous verrez le petit collant, vous vous souviendrez pourquoi vous l'avez apposé sur votre carte. Instinctivement, vous vous demanderez si vos achats sont *absolument nécessaires*.

Attention! Après quelques semaines, vous devrez changer la couleur du collant! En effet, votre cerveau s'habituera à la vision dudit collant et après un certain temps, votre œil sera accoutumé et vous ne le remarquerez même plus En changeant la couleur du collant, vous éviterez l'accoutumance.

DEUXIÈME TRUC
Trimballez le résumé avec vous

Vous trouverez, à la fin de ce livre, un résumé de votre engagement ainsi que certains mythes et réalités. Vous pouvez copier la page et la conserver dans votre portefeuille. Cela vous rappellera votre engagement. Lire cet aide-mémoire de temps à autre (*surtout lorsque vous attendez votre tour à la caisse*) vous aidera grandement dans votre entreprise.

Exemples pratico-pratiques

Question de bien assimiler la mise en œuvre du mode grande récession dans votre quotidien, voici quelques exemples pratico-pratiques.

À L'ÉPICERIE...

Michel adore les fromages fins. Chaque fois qu'il se retrouve devant le comptoir des fromages, il ne peut résister à la tentation d'acheter deux ou trois sortes à déguster. Est-ce absolument nécessaire? Bien que je ne remette pas en question le fait que les aliments sont absolument nécessaires, les fromages fins ne le sont pas. En grande récession, Michel devra s'abstenir. Par la suite, il pourrait orienter ses achats selon les aubaines plutôt que de façon aléatoire. L'avantage de l'exercice? Comme Michel ne se permettra plus aussi souvent l'achat de fromages fins, les prochaines dégustations seront encore plus savoureuses, car elles auront été planifiées avec anticipation.

Un autre exemple éloquent: les pâtisseries sont délicieuses mais sont aussi très coûteuses. Ces petits péchés peuvent facilement être temporairement remplacés par d'abordables substituts tout aussi sucrés.

AU BUREAU...

Valérie adore le café. Un à la maison le matin et deux à trois dans la matinée. Elle laisse donc au minimum 2 $ par jour dans la machine à café du bureau. Absolument nécessaire? Non. En calculant le tout, 2 à 3 $ par jour représentent 10 à 15 $ par semaine pour un montant de 500 à 750 $ par année. Valérie pourrait probablement s'en tenir à un seul café acheté au bureau... et ainsi économiser rapidement un montant substantiel.

LE DÎNER...

Carole mange au restaurant tous les jours. À l'heure du midi, elle dîne à la cafétéria ou encore elle sort avec des collègues au restaurant du coin. En grande récession, Carole devra prendre l'habitude de se préparer un lunch pour le dîner au bureau. Rien ne l'empêche d'organiser avec ses collègues une marche journalière de vingt minutes pour s'aérer l'esprit. Ce changement sera non seulement bénéfique pour son portefeuille mais pour sa santé aussi!

À la lecture de ces exemples, vous vous dites que c'est l'évidence même. Oui, sur papier, c'est en effet noir sur blanc. Mais dans la vraie vie, vous prenez probablement des décisions spontanées lorsque vient le temps de dépenser. Au fur et à mesure que vous serez confronté à ces situations, vous réaliserez qu'il n'est pas aussi facile de séparer le noir du blanc. Je ne doute pas de votre capacité et je crois sincèrement que vous verrez le fruit de vos efforts rapidement.

Petits détails d'une importance capitale

Avant de conclure sur le mode grande récession, il est primordial d'aborder deux petits détails, mais d'une importance capitale.

Le premier est le suivant: *Si vous n'avez pas encore payé, vous pouvez toujours changer d'idée.*

Vous arrivez à la caisse et, après avoir lu votre aide-mémoire alors que vous attendiez votre tour, vous réalisez que la moitié des items dans votre panier ne sont pas absolument nécessaires. Quatre options s'offrent à vous:

1. Le *statu quo*: vous achetez le tout. Au pire, vous pourrez retourner quelques items plus tard.
2. Vous quittez la file d'attente pour aller reporter les items en trop, sachant très bien que vous devrez attendre un autre dix minutes à la caisse..
3. Vous laissez un item (le plus coûteux) à la caisse en inventant une excuse bidon.
4. Vous ne conservez que les items absolument nécessaires et laissez les autres à la caissière en vous excusant poliment sans toutefois vous justifier.

Qu'allez-vous faire? Aussi bien vous préparer dès maintenant. Vous vous retrouverez tôt ou tard dans cette situation.

Sachez qu'il n'y a aucune honte à laisser des items à la caisse. Aucune!

Il se pourrait que cela déplaise à la caissière. Tant pis! Vous aidera-t-elle à payer vos comptes à la fin du mois? Son opinion est-elle si importante que vous êtes prêt à payer plusieurs dollars supplémentaires? Et si, par peur de déplaire, vous avez dépensé 20, 30, 40$ de plus pour finalement réaliser qu'elle n'en avait rien à cirer que vous laissiez quelques items à la caisse? J'irais même jusqu'à dire que les caissières qui ont l'air le plus outré sont celles qui n'ont pas le courage de le faire elles-mêmes. Elles vous en veulent d'être capable d'agir ainsi! (Car, elles non plus, personne ne les aide à payer leurs factures à la fin du mois!)

La dame derrière glousse comme une poule en signe de désapprobation? Qu'à cela ne tienne. Qu'elle glousse sans fin si elle le désire! Si cela la dérange à ce point, qu'elle s'offre pour payer les items que vous ne voulez plus! N'oubliez jamais que plusieurs personnes signifieront leur désapprobation lorsqu'il s'agit d'une chose qu'ils ne se permettent pas eux-mêmes. S'ils n'ont pas le courage de la faire, laissez-les grogner. L'opinion d'un inconnu ne devrait pas vous empêcher d'atteindre votre but!

Le deuxième détail d'une importance capitale est celui-ci: *Mieux vaut 50 % de quelque chose que 100 % de rien du tout!*

Le projet peut vous sembler lourd à porter. Vous frémissez juste à entendre le mot *grande récession.* Vous vous êtes déjà engagé à sortir avec vos amis samedi, à inviter vos parents pour le brunch dimanche et à vous faire masser avec votre cousine dans dix jours. Vous ne pouvez donc pas vous engager dès maintenant à mettre en place le mode grande récession.

Oui, vous le pouvez! Mieux vaut 50% de quelque chose que 100% de rien du tout. Cela signifie que vous pouvez instaurer le mode grande récession dès maintenant. Si vous ne vous sentez pas capable de le faire à 100%, soyez flexible. Vous verrez quand même des résultats.

Bien entendu, les améliorations seront proportionnelles à vos efforts. Si vous changez vos habitudes de temps à autre, vous ne pourrez vous attendre à des miracles. Sachez cependant que faire quelque chose, si minime soit-il, aura un certain impact. Je vous invite donc à vous mettre en action dès maintenant, même si ce n'est que partiellement.

*

Bravo! Vous avez complété l'apprentissage de l'étape 1, le premier pas vers votre liberté financière. Vous pouvez déposer le livre et n'y revenir que dans quelques semaines, lorsque vous vous sentirez en mesure de passer à la deuxième étape. Vous pouvez aussi continuer votre lecture afin de planifier la suite.

Sachez que vous devez d'abord et avant tout instaurer la première étape dans votre quotidien avant de poursuivre vos efforts. À tout vouloir accomplir en même temps, vous risquez de tout laisser tomber. Donnez-vous du temps! Apprenez à vivre quelques semaines en mode grande récession en vous demandant avant chaque achat si c'est absolument nécessaire. Apprivoisez le mode grande récession, assimilez-le jour après jour. Vous pourrez poursuivre ensuite votre recette financière avec un bien meilleur contrôle.

▸ PREMIÈRE ÉTAPE
LA GRANDE RÉCESSION ET LES DÉPENSES COURANTES - LA RECETTE DU SUCCÈS

Jetez votre culpabilité aux poubelles!
Vous n'avez aucun pouvoir sur le passé mais l'avenir vous appartient!

ENGAGEZ-VOUS!

À partir d'aujourd'hui, avant de mettre un item dans mon panier, avant de sortir de l'argent ou une carte pour effectuer un paiement, je m'engage:

- à me demander si cette dépense est **absolument** nécessaire;
- à remettre l'item sur les tablettes si la réponse est non.

Respectez votre engagement au jour le jour.

Faites preuve d'indulgence envers vous-même.

Chapitre 4

Deuxième étape : la grande récession et les dépenses mensuelles

Félicitations! Vous avez incorporé le mode grande récession dans votre quotidien. Avant de faire un achat, vous vous questionnez maintenant sur l'absolue nécessité d'acquérir l'item. Vous avez sans aucun doute remarqué la différence dans votre compte bancaire. Vous avez aussi remarqué à quel point vous dépensez pour acquérir des objets superflus.

Si vous avez de la difficulté à assimiler la pratique mais que vous êtes tout de même prêt à passer à la deuxième étape, je vous félicite aussi! Votre persévérance saura porter fruit, n'en doutez jamais!

La deuxième étape comporte une réflexion sur vos dépenses mensuelles.

Cette étape peut s'avérer plus difficile pour certains, car elle implique de sortir vos factures et de ratisser un peu le passé. Pour les nauséeux, sortez vos *Gravol* et investissez une heure ou deux dans votre avenir. Vous verrez, ce n'est pas si pénible.

Prêt? Sortez… toutes vos factures mensuelles.

La tête vous tourne juste à y penser? Ne vous inquiétez pas, je ne vous demande pas de faire un budget ni de calculer le total de vos paiements. Je vous demande une réflexion sur vos factures mensuelles.

Évaluez et optimisez vos dépenses mensuelles

Allez-y! Lancez-vous! Voici ce que vous devez faire:

1. Sortez vos factures mensuelles.
2. Sortez vos relevés mensuels de comptes bancaires et de cartes de crédit.
3. Surlignez sur vos comptes bancaires et/ou cartes de crédit tous les paiements mensuels préautorisés.
4. Faites-en la liste sur une feuille de papier.

Vous devez sortir une copie de TOUTES vos factures mensuelles. Avec la nouvelle tendance des factures électroniques, il est fort probable qu'il y ait des paiements dont vous avez même oublié l'existence. Essayez de penser aux factures reçues par courriel. Ouvrez votre boîte de réception en cas de doute. Vous devez avoir en votre possession toutes les factures de paiements mensuels que vous acquittez.

Ensuite, sortez (ou faites imprimer) vos relevés de cartes de crédit (pour les paiements qui sont prélevés directement sur crédit) ainsi que les relevés bancaires (de tous les comptes) du dernier mois. C'est habituellement à cette étape que les maux de cœur commencent. Laissez-moi vous rassurer. Je ne suis nullement intéressée par les dépenses courantes du passé. La seule chose qui m'intéresse ici, ce sont les paiements préautorisés. Je vous recommande de passer cette étape rapidement afin de ne pas avoir à regarder vos relevés trop longtemps!

Avec votre marqueur, surlignez tous les paiements préautorisés qui sont effectués sur vos comptes bancaires, vos marges de crédit et vos cartes de crédit. Inscrivez sur votre feuille de papier tous les paiements que vous devez faire mensuellement (à l'exception des paiements de remboursement de dettes).

Sur votre papier, vous inscrirez comme suit:

- téléphone;
- électricité;
- téléphone cellulaire;
- internet et câblodistributeur;
- assurance automobile;
- assurance vie;
- prélèvement automatique placements;
- abonnement à un magazine, à un journal;
- autres...

Vous *n'avez pas* à inscrire ce qui suit:

- paiement de cartes de crédit;
- paiement de vos meubles, programme trente-six mois sans intérêt, par exemple;
- paiement de votre voiture;
- autres...

En effet, ces paiement sont considérés comme étant des remboursements de dettes et vous n'en tiendrez pas compte... du moins pour l'instant!

Vous avez maintenant une liste complète de vos paiements mensuels récurrents, que ceux-ci soient préautorisés ou non. Pour chaque item sur votre liste, vous devez vous engager à faire ce qui suit :

- Écrire le montant du paiement mensuel.
- Sortir la facture.
- Analyser la facture et évaluer si la dépense est absolument nécessaire.
- Apportez des changements s'il y a lieu.

En voici un exemple :

Item	**Montant**	**Absolument nécessaire ?**	**Amélioration possible ?**
Garderie	152,25 $	Oui	Non
Téléphone maison	56 $	Oui	Oui
Téléphone cellulaire	90 $	Oui	Oui
Assurances automobile/ maison	145 $	Oui	Peut-être
Assurance vie	60 $	Oui	??
Abonnement quotidien	25 $	Non	Oui
Autre			

En produisant un tel tableau, il devient beaucoup plus facile de distinguer les dépenses absolument nécessaires de celles qui ne le sont pas. Ainsi, dans l'exemple ci-dessus, l'abonnement à votre quotidien préféré est un item facultatif. Il serait sage dans cet exercice d'évaluer la pertinence de conserver l'abonnement par rapport à ce qu'il en coûte. Êtes-vous en mesure de lire les articles qui vous intéressent sur Internet? Prenez-vous vraiment le temps de lire votre journal? Est-il disponible au bureau? Si vous désirez simplement avoir un meilleur contrôle de vos dépenses, vous pouvez conserver votre abonnement. Par contre, si vous suivez cette méthode afin d'éviter de vous retrouver éventuellement dans un gouffre financier, vous devez annuler votre abonnement et limiter TOUTE dépense superflue.

Si vous avez inscrit que l'item n'est pas absolument nécessaire, la meilleure solution serait d'annuler (dans la mesure du possible) cette dépense jusqu'au rétablissement de votre santé financière.

Une fois la colonne «absolument nécessaire» réglée, vous devez passer à la colonne «amélioration possible». Cet exercice pourra vous prendre quelques jours, même un peu plus. En effet, évaluer la pertinence des assurances maison, hypothèque ou encore des assurances vie requiert du temps et implique parfois de parler à des experts en la matière. Dans cet exercice, il importe d'être honnête et de distinguer ce que vous voulez de ce qui est absolument nécessaire.

Afin de vous aider dans votre démarche, voici quelques trucs d'évaluation des dépenses pour des secteurs où les économies réalisables peuvent être parfois étonnantes.

FACTURE DE TÉLÉPHONIE...

- Faites-vous affaire avec le même fournisseur depuis des années?
- Connaissez-vous les promotions et forfaits des autres compagnies?
- Seriez-vous avantagé en combinant vos services?
  - Attention! Les compagnies vont vouloir vous convaincre de «upgrader» vos services. L'exercice ne devrait pas vous coûter un sou de plus! Le but est de réduire votre facture mensuelle et non d'améliorer vos services pour quelques dollars de plus.

ASSURANCES AUTO ET HABITATION...

- À quand remonte la dernière fois où vous avez magasiné vos assurances auto et habitation?
- Êtes-vous de ceux qui renouvellent sans se poser de question?
- Avez-vous fait affaire avec un courtier afin d'obtenir plusieurs soumissions?
- Avez-vous demandé de bénéficier des rabais disponibles, par exemple rabais diplômés, bonne conduite, nouvelle toiture, etc.
  - Attention! Si vous brisez votre contrat, vous pourriez devoir payer de sévères pénalités. Assurez-vous de connaître les pénalités avant d'accepter une nouvelle assurance! Et rien ne vous empêche de négocier avec votre assureur actuel en cours de route...

Voici quatre conseils à mettre en place lors de l'analyse de vos dépenses et la recherche des améliorations possibles:

- *Faites preuve de créativité!*
- *N'ayez pas peur de poser des questions!*
- *Consulter des experts, demandez un deuxième avis!*
- *Informez-vous auprès de votre entourage!*

Votre entourage est une mine d'or d'information. Lors d'un souper entre amis, parlez de votre projet, discutez téléphonie et autres dépenses mensuelles. Vous serez surpris de la foule d'informations à votre disposition. Votre ami a une bonne expérience avec son courtier? Demandez-lui ses coordonnées! Votre collègue a un forfait à tout casser avec la téléphonie? Prenez les infos en note et vous pourrez valider le tout plus tard! Votre cousin obtient toujours son abonnement à son quotidien préféré à rabais? Demandez-lui son truc!

Voici un exemple où l'information entre amis, combinée avec un peu de créativité, a su être bénéfique:

> François et Lucie sont parents de trois enfants. Ils révisent leurs dépenses mensuelles et sont en pleine discussion concernant leur facture de téléphonie. Ils paient plus de 200$ pour le téléphone résidentiel, l'Internet, le téléphone cellulaire de François et le service de télédistribution. Ils décident d'un commun accord de diviser les quatre dépenses et de les évaluer séparément.
>
> Lucie a vu une publicité à la télévision annonçant une ligne téléphonique pour 20$. Elle sort son ordinateur portable et commence une recherche afin de déterminer quelle compagnie offre la meilleure promotion présentement. Elle réalise que trois compagnies offrent un tarif plus avantageux que celui dont elle bénéficie présentement. Elle prend en note le nom des compagnies, les tarifs et où elle a vu la promotion. Lucie décide de faire le

même exercice pour Internet et réalise qu'elle peut combiner téléphone de la maison et Internet pour obtenir de meilleurs tarifs. En discutant avec François et en vérifiant leur consommation mensuelle, ils réalisent qu'ils dépassent souvent la limite allouée pour Internet et se retrouvent à payer des pénalités de 20$ à 50$ pour la surutilisation. Comme les enfants naviguent beaucoup sur Internet, il est difficile pour eux d'en gérer la consommation. En évaluant l'offre des compétiteurs et même les promotions de la compagnie avec laquelle ils font affaire, ils réalisent qu'il leur en coûterait moins cher pour avoir un forfait avec une plus grande utilisation, ce qui leur éviterait du même coup de payer des pénalités.

Pour sa part, François contacte son fournisseur afin de connaître les pénalités, s'il y a lieu, de briser son contrat de téléphonie sans-fil pour aller vers un compétiteur. Il prend en note le montant et évalue la pertinence de le payer ou non.

Lors d'un souper entre amis, Lucie a eu une discussion avec Ariane concernant la télédistribution. Ariane n'a plus ce service. Elle utilise une antenne numérique. En effet, comme ses enfants écoutent principalement leurs émissions sur Internet, elle n'avait besoin que des chaînes de base pour écouter principalement les nouvelles. Lucie a trouvé l'option intéressante et différente. Elle en a discuté avec François et ils se sont entendus pour essayer pendant six mois cette nouvelle formule.

François et Lucie décident de communiquer avec leur fournisseur actuel afin de lui faire part de leurs trouvailles, des promotions en cours et d'annuler la portion télédistribution de leur contrat. À la suite de cet appel, ils ont réussi à économiser plus de 90$ sur leur facture mensuelle. Ils ont fait preuve de créativité, d'ouverture d'esprit, se sont informés et, surtout, ils ont pris le temps d'évaluer leurs dépenses et d'effectuer les améliorations possibles. Ce petit geste leur a permis d'économiser plus de 1000$ par année!

Cet exemple concret vous démontre qu'il est possible de diminuer vos dépenses, même celles que vous croyiez absolument nécessaires. Faites le même exercice avec vos assurances. Appelez un courtier, posez des questions à votre entourage, prenez des références. On vous a peut-être vendu la Cadillac des Cadillac, mais pouvez-vous vous le permettre? Rencontrer votre courtier d'assurances peut aussi vous permettre de revoir vos besoins dans leur ensemble. Avez-vous une assurance vie qui couvre toutes vos dettes en plus de la protection d'assurance vie sur vos cartes de crédit et sur vos paiements de voiture? Êtes-vous trop assuré?

Prenez le temps d'examiner convenablement vos factures et vous verrez rapidement les failles dans vos dépenses et, surtout, les améliorations et économies possibles!

Taux d'intérêt et frais annuels de vos cartes de crédit

Je discuterai dans un prochain chapitre du remboursement et d'une bonne gestion de vos dettes. Vous pouvez toutefois, dès maintenant, améliorer votre situation.

Vous avez déjà en main vos différents relevés de cartes de crédit. Reprenez votre marqueur et surlignez les taux d'intérêt des différentes cartes. Avec votre feuille de papier et votre crayon, faites un tableau comme suit:

Cartes de crédit	**Montant utilisé**	**Limite**	**Taux d'intérêt**	**Frais annuels**
Paiement reporté sans intérêt	2200 $	2200 $	0%	0 $
VISA banque 1	800 $	1000 $	12%	0 $
MC banque 2	1500 $	1500 $	19,9%	50 $
VISA magasin	400 $	500 $	29,9%	0 $

Les deux seules colonnes qui m'intéressent à cette étape sont les deux dernières, soit la colonne des taux d'intérêt et celle des frais annuels. Dans l'exemple ci-dessus, il y a lieu de travailler sur les deux cartes à des taux de 19,9% et de 29,9%. Que pouvez-vous faire?

- Appeler chacune des compagnies.
- Vérifier si vous pouvez en diminuer les taux d'intérêt, tout en restant au sein de la même compagnie.
- Vérifier si vous pouvez éliminer les frais annuels.
- Assurez-vous qu'en transférant pour une carte à frais réduits, vous ne vous retrouvez pas avec une carte ayant des frais autres faramineux.
- Assurez-vous également que le changement effectué n'aura aucune incidence sur votre réputation au crédit.

Vous pourrez ainsi avoir une meilleure gestion de vos taux d'intérêt. En diminuant l'intérêt mensuel, vous libérez de la liquidité que vous pouvez investir dans le remboursement de votre capital.

J'entends déjà, pour plusieurs, la phrase suivante: «Oui, mais j'ai beaucoup d'avantages avec ma carte à 29,9% et j'utilise les points pour me payer un voyage à la fin de l'année.» Vous avez tout à fait raison! Les cartes coûteuses sont souvent très avantageuses! Points, rabais de magasins, dollars en banque, etc. Je vous pose la question suivante: *combien vous coûtent réellement vos rabais?* Ces cartes sont avantageuses pour ceux qui paient *intégralement* leur solde à tous les mois. Si vous avez un solde à 29,9% d'intérêt, vos rabais et cadeaux coûtent probablement plus cher que si vous les aviez achetés! Faites l'exercice et calculez! Votre carte vous offre-t-elle un rabais équivalent pour plus de 15% à 20% d'économie? Si la réponse est non, vous seriez probablement mieux de troquer votre carte à haut taux d'intérêt pour une carte à 10% jusqu'à 13% d'intérêt annuel.

Avant même d'avoir élaboré une stratégie de remboursement de dettes, en ayant une meilleure gestion de vos taux d'intérêt, vous venez de faire un grand pas vers la réussite financière!

DEUXIÈME ÉTAPE
LA GRANDE RÉCESSION ET LES DÉPENSES MENSUELLES - ÉVALUER POUR OPTIMISER!

Élaborez un tableau de vos paiements récurrents mensuels et demandez-vous:

- Est-ce absolument nécessaire?
- Y a-t-il place à amélioration?

Élaborez un tableau de vos cartes de crédit:

- Pouvez-vous réduire les taux d'intérêt?
- Pouvez-vous en réduire les frais?

VOICI LE SECRET DE LA RÉUSSITE DE LA DEUXIÈME ÉTAPE

Faites preuve de créativité!

- Aux ordures les idées préconçues. Ayez l'audace de penser autrement!

N'ayez pas peur de poser des questions!

- Il n'y a aucun mal à poser des questions à la compagnie avec laquelle vous faites affaire. Vous n'avez pas compris, demandez-leur de répéter. Et n'hésitez pas à les rappeler afin de valider certains points. Questionnez, questionnez, questionnez!

Consulter des experts, demandez un deuxième avis!

- Demandez des références à vos connaissances ou à des professionnels en qui vous avez confiance. Utilisez ces références afin de vous faire une meilleure idée.

Informez-vous auprès de votre entourage!

- Votre entourage est une mine d'or d'information. Questionnez ces gens! Utilisez-les! Soyez à l'affût de ce qui se parle autour de vous!

Prenez le temps d'évaluer vos dépenses mensuelles et les taux d'intérêt de vos cartes de crédit. Investissez quelques heures de votre temps et vous verrez les économies possibles!

Mais n'oubliez surtout pas que le but ultime est de *diminuer votre facture mensuelle. Refusez* les offres telles que «beaucoup plus de services pour... un peu plus par mois!»

Chapitre 5

Troisième étape: de la discipline, encore plus de discipline!

Vous avez réduit de façon considérable vos dépenses courantes. Vous avez optimisé vos dépenses mensuelles. Vous êtes sur la bonne voie. Peu à peu, sans avoir eu à faire un budget, vous avez repris le contrôle sur vos sorties monétaires. Quelle est donc la troisième étape? Discipline, discipline… et encore plus de discipline!

Pour la troisième étape, le temps est venu de passer devant le jury devotre propre conscience!

Avez-vous déjà remarqué qu'il est facile de se mentir à soi-même sans même s'en apercevoir? Vous êtes-vous déjà convaincu de quelque chose en sachant dans votre for intérieur que vous vous mentiez à pleines dents? L'image typique est celle du petit diable soufflant, d'un côté, la réponse et, de l'autre côté, l'ange mettant en garde… Plus ou moins consciemment, vous avez la capacité de faire ce que j'appelle *des omissions volontaires* pour satisfaire certains petits plaisirs.

Me voyez-vous venir?

Depuis que vous avez commencé le mode grande récession, vous avez fait des efforts considérables. Vous avez raison d'être fier et je vous encourage à persévérer.

Il est arrivé quelque fois que vous ayez hésité avant d'effectuer une dépense. Finalement, vous vous êtes convaincu que c'était absolument nécessaire. Vous avez trouvé au minimum deux arguments vous incitant à procéder à l'achat. Et, en agissant ainsi, vous vous êtes déculpabilisé.

Le même scénario s'est répété le lendemain. Cette fois, c'était à l'épicerie. De la nourriture, bien sûr que c'est absolument nécessaire, sans toutefois vous être demandé si vous auriez pu trouver quelque chose de plus abordable ou un substitut moins coûteux...

Et, le surlendemain, vous vous êtes rassuré une fois de plus sur le besoin de tel objet ou de tel service. Et ainsi de suite...

Plus vous laissez votre conscience accepter des choses, plus elle les accepte facilement. La répétition de ces petits «glissements de terrain» a pour effet, avec le temps, de vous convaincre et vous cesserez alors de répondre: «Non, *ce n'est pas* absolument nécessaire.»

Ressaisissez-vous!

Nul besoin de vous culpabiliser! Vous avez fait d'énormes compromis et l'idée ici n'est surtout pas de minimiser les efforts dont vous avez fait preuve. Inutile de justifier vos erreurs. Car en vous justifiant, vous vous entraînez inconsciemment à continuer ce cercle vicieux sans fin.

La prochaine étape consiste à devenir le jury de votre propre conscience.

Le secret de la troisième étape

Le processus de ce guide repose sur une suite de petites actions qui feront une grande différence. Rappelez-vous, Rome ne s'est pas faite en un jour! Vous voulez connaître le secret de la troisième étape? Le voici:

1. Ayez le courage d'admettre vos erreurs et vos faiblesses.
2. Ne les justifiez pas.
3. Faites-en la liste.
4. Essayez d'éviter de retomber dans le panneau.
5. Faites preuve de créativité! Osez le changement!

Admettre ses faiblesses est le premier signe de la force de quelqu'un. Par exemple, les boxeurs les plus à craindre sont ceux qui connaissent très bien leurs faiblesses et qui ont appris à les surmonter.

Il faut dresser une liste des dépenses que vous avez faites et qui, en rétrospective, ne devaient pas faire partie des dépenses absolument nécessaires.

Les écrire vous décourage et vous vous dites – tout en lisant ces lignes – que vous ne le ferez tout simplement pas? Eh bien, dressez-en la liste mais mentalement. Bien entendu, les écrire augmente vos chances de réussite. Mais, comme je l'ai déjà mentionné, mieux vaut en faire un peu que pas du tout.

Regardez votre liste et surtout...
NE VOUS JUSTIFIEZ PAS!

Vous n'avez pas à présenter votre liste à quiconque! Il s'agit d'une étape nécessaire afin d'éviter de refaire, jour après jour, semaine après semaine, les même erreurs.

Votre défi

La prochaine fois que vous aurez l'opportunité de faire une dépense qui est sur votre liste, ne tentez pas de vous justifier. Sans justification, il n'y aura pas de dépense. La meilleure façon de ne pas dépenser est justement de ne pas trouver d'explication rationnelle.

Afin de vous aider dans cette nouvelle étape, je vais vous donner des exemples concrets de dépenses que l'on croit absolument nécessaires mais qui, dans les faits, ne le sont pas.

Vous êtes prêt?

Pensez-vous que ces dépenses sont absolument nécessaires?

- Esthétique (cheveux, ongles et autres...);
- Sorties et activités culturelles;
- Dépenses vestimentaires;
- Les fêtes d'enfants et les cadeaux;
- Autres dépenses.

Oui, ce sont là toutes des dépenses que l'on qualifie souvent d'absolument nécessaires. Le sont-elles vraiment? Nécessaires au risque de mettre en jeu votre avenir financier? Décortiquons-les une à une.

▶ Esthétique

Tout le monde a des cheveux. Tout le monde doit se faire couper les cheveux. Êtes-vous de celles qui ont leur coiffeur au centre-ville et qui fait un excellent travail, qui connaît votre chevelure et qui coupe vos cheveux à la perfection tous les mois? Vous avez une teinte de blond combinée à des mèches et vous trouvez votre look extraordinaire! La dépense de 150 à 200$ mensuelle chez le coiffeur est un *must* et vous ne pourriez pas vous en passer? La question qui s'impose ici est: *pouvez-vous vous le permettre?* La réalité est que, si vous faites la lecture de ce livre, la réponse est probablement non. Deux cents dollars par mois représentent presque 2500$ par année. Si l'on ajoute à cela les ongles à 60$ aux trois semaines, on ajoute approximativement 1 000$. Si vous gagnez 35 000$ par année, vos cheveux et vos ongles vous coûtent 10% de votre salaire, AVANT impôts! C'est beaucoup d'argent.

- Pour votre teinture, vous pourriez essayer de la faire vous-même ou demander à une amie. Il vous en coûtera de 7 à 15$ à la pharmacie.
- Vous n'êtes pas à l'aise avec cette idée? Continuez d'aller voir votre coloriste, mais oubliez les mèches! Oui, c'est beau, mais regardez autour de vous! Des milliers de gens n'ont pas de mèches et ne sont pas laids pour autant! Voyez-le comme une opportunité de vous refaire une nouvelle tête pour votre nouvelle vie! Le plus remarquable sur votre visage est votre sourire – pas vos cheveux!
- Vous adorez votre coiffeur, je le sais. Mais il est possible d'en aimer un autre! Discutez avec vos collègues, votre famille, vos connaissances. Vous découvrirez une panoplie de professionnels appréciés et moins coûteux que votre coiffeur adoré. Ayez l'audace d'essayer quelque chose de nouveau!
- Saviez-vous qu'il est possible de se faire couper les cheveux sans pour autant payer pour la mise en plis? Plusieurs coiffeurs offrent cette possibilité. Vous sortirez donc les cheveux mouillés, mais le portefeuille plus

garni. La mise en plis représente souvent la portion la plus onéreuse, ce qui permettra de faire systématiquement de belles économies!

- Avez-vous essayé de faire pousser vos ongles naturellement? Vous êtes capable d'effectuer les soins de base des mains et des pieds dans le confort de votre salon. Vous n'êtes pas certaine de la façon de faire? Une fois de plus, consultez! Que ce soit une amie, Internet ou votre conseillère en beauté, vous serez impressionnée par la quantité d'informations à votre disposition. Faites-en l'essai. Il vous faudra un peu de temps pour apprendre et vous y habituer, mais vous en êtes capable!

Monsieur, soyez vous aussi concerné! Vous pouvez, vous aussi, faire l'exercice et diminuer vos dépenses dans cette catégorie. Tous les membres de la famille peuvent participer. Je connais des pères qui ont appris à couper leurs propres cheveux ainsi que ceux de leurs garçons, ou encore qui les rasent durant l'été, ce qui crée un look estival plutôt «in» et... une dépense de moins!

▶ *Sorties et activités culturelles*

Selon votre âge et votre situation familiale, vous octroyez un certain montant aux sorties de fin de semaine, que ce soit les glissades d'eau pour les enfants ou les bars le vendredi soir. Est-ce absolument nécessaire de sortir le vendredi? Non. Allez-vous pour autant cesser de sortir complètement à la suite de la lecture de ce guide? Je ne suis pas dupe, la réponse est non. Pouvez-vous améliorer la situation? Bien entendu!

Voici quelques trucs:

POUR LES SORTIES DANS LES BARS...

- Vous sortez tous les jeudis, vendredis et samedis soir? Vous pouvez réduire le nombre de sorties par semaine, vous pouvez aussi inviter vos amis à la maison. Vous économiserez sur le prix de votre taxi et de l'alcool!
- Soyez créatif dans votre choix de bars! Plusieurs offrent des rabais et le prix de l'alcool diffère d'une place à l'autre. Innovez, proposez de nouveaux endroits à vos collègues. Vous ferez de belles découvertes et de belles rencontres!
- Ne vous sentez pas obligé de payer une tournée. Respectez le budget ou l'argent que vous aviez prévu dépenser. Et si vous dépensez plus, ayez la sagesse de rester un soir de plus à la maison pour compenser.

Les sorties ne sont pas *absolument nécessaires*. Vous pourriez, en temps de grande récession, mettre un terme temporairement à ces dépenses. Si vous en êtes incapable, essayez au moins de limiter les dégâts en vous imposant certaines limites et en optant pour des sorties moins coûteuses.

POUR LES SORTIES FAMILIALES...

Les enfants doivent sortir de la maison. De toute façon, si vous restez enfermé, vous deviendrez complètement fou! Les enfants se chamaillent, sont mécontents, vous devez sortir! Alors, sortez! Vous êtes capable de le faire sans toutefois sortir votre portefeuille!

- Consultez le site Internet de votre ville et ses activités. Vous serez surpris du nombre d'activités gratuites tout au long de l'année.

- Consultez le site Internet de tourisme de votre région et des régions environnantes. Plusieurs festivals et fêtes sont gratuits ou encore peu coûteux.
- Les bibliothèques organisent régulièrement des activités pour enfants: de la lecture, des pièces de théâtre, des chasses au trésor, des spectacles de magie... Vous en avez pour tous les goûts! Certains organisent même des activités pour les adultes. Pourquoi pas?
- Les parcs regorgent d'activités variées. Quelques fois, vous avez aussi des fêtes de quartier!
- Considérez un abonnement familial. Plusieurs sites offrent un abonnement annuel familial à prix raisonnable. Vous pouvez visiter cet endroit durant une année et changer l'année suivante pour un autre site. Les enfants aiment la répétition et, même en visitant plusieurs fois le même lieu, ils remarqueront toujours de nouvelles choses.
- Vous disposez de peu de moyens pour vos vacances d'été? Un abonnement estival est aussi une bonne idée. Certains sites touristiques sont très complets et prennent plusieurs jours à voir. Au lieu de visiter quatre à cinq endroits différents, vous pourrez maximiser votre abonnement et retourner sur le même lieu mais en visitant chaque fois une aire différente. Les enfants adoreront, car ils y développeront un sentiment d'appartenance!
- Si vous effectuez une sortie, apportez lunch et grignotines. Les enfants en ont marre des sandwiches et ils aiment les hotdogs! Pourquoi pas ne pas les préparer à la maison? Pour le prix de deux hot-dogs, vous en aurez douze!

- Contournez la boutique de souvenirs. Résistez à la tentation d'y entrer. C'est tout simplement la meilleure façon d'éviter de dépenser (et d'argumenter avec les enfants!).
- Réservez la friandise sucrée pour le retour à la maison. Cela vous donnera un bon incitatif pour quitter les lieux!

▶ *Dépenses vestimentaires*

Vous devez vous vêtir et rien n'est pire que de se sentir complètement démodé. L'achat de vêtements fait partie des dépenses nécessaires. Malheureusement, plusieurs achètent du superflu et des items dont ils auraient pu se passer. Souvent, le manque d'inspiration et de créativité devant votre propre garde-robe vous incite à magasiner.

Voici certaines pistes de solutions:

- Attendez les aubaines de fin de saison. Profitez de ces moments, non pas pour vous acheter plus que nécessaire, mais bien pour réduire vos dépenses.
- Attendez quelques jours après la rentrée scolaire pour vous équiper entièrement. Je ne parle pas ici des fournitures scolaires qui sont requises dès la première journée mais plutôt d'éléments comme le sac d'école. Mes enfants commencent généralement l'année avec le même sac que l'année précédente. Puis, une semaine plus tard, alors que ces articles sont en solde, je leur achète leur nouveau sac. Jusqu'à maintenant je n'ai eu aucune remarque à cet effet. Je dirais même que cela crée une deuxième vague de nouveauté quelques jours après la rentrée!

- Vous avez une amie très branchée sur la mode? Invitez-la à examiner votre garde-robe. Il suffit souvent de combinaisons différentes ou encore d'un accessoire distinct pour créer un tout nouveau look. Un deuxième regard sur vos options vestimentaires vous fera le plus grand bien. Attention! Il faut énoncer clairement les règles du jeu avant de commencer, c'est-à-dire que le défi est de trouver une nouvelle garde-robe à même votre garde-robe existante. Je suis certaine que votre amie, si elle aime la mode, trouvera ce défi passionnant et divertissant!
- Organisez une soirée «échange de vêtements» avec vos amies!
- Allez à la bibliothèque et feuilletez les magazines! Regardez les agencements gagnants. Souvent, ce qui crée le plus gros WOW! n'est pas le morceau lui-même mais bien l'agencement qu'on en fait. Votre garde-robe possède sûrement plusieurs ensembles époustouflants! Il ne reste qu'à les trouver!
- Si vous avez pris du poids ou en avez perdu rapidement, soyez prudent. Ne vous débarrassez pas de tout trop rapidement. Attendez d'avoir maintenu votre poids un certain temps avant de tenir pour acquis que votre taille restera telle quelle.
- Vous avez besoin de vêtements professionnels pour le travail et décontractés pour les soirées? Plusieurs vêtements peuvent accomplir les deux sans problème. Soyez créatif!

▶ *Les fêtes d'enfants et les cadeaux*

Ah! nos enfants, on les aime tant! On ne peut leur refuser une fête d'amis pour leur anniversaire. Surtout que Louis a invité le vôtre au cinéma pour sa fête, et Laurent avait invité la classe à patiner sur la glace en privé. Samuel, quant à lui, avait organisé sa fête au musée. C'est donc sans malice que William, votre garçon, a demandé que vous lui organisiez une belle fête avec ses amis.

Il y a plusieurs options qui s'offrent à vous. Une fois de plus, la clé du succès repose sur votre créativité et une bonne planification!

- Limitez le nombre d'invités. Inutile d'inviter la classe au complet. Demandez à votre enfant de choisir ses trois meilleurs amis pour sa fête. Cela créera pour vous une opportunité de l'entendre parler de ses amis à l'école. Vous en apprendrez beaucoup!
- Vous pouvez organiser la fête à la maison. Quelques activités bien planifiées et vous verrez qu'ils auront autant de plaisir. De plus, votre enfant sera fier de montrer sa chambre et ses jouets à ses meilleurs amis!
- Pourquoi ne pas combiner la fête à une activité gratuite au parc? Personnellement, comme la fête de mon garçon est au mois d'août, j'invite habituellement quelques petits amis à nous rejoindre au parc durant une fête de quartier. Il y a des jeux gonflables, du maquillage, des épis de maïs et des ballons pour la modique somme de 0$! J'apporte des petits gâteaux et des jus dans une glacière et le tour est joué!

▶ *Autres dépenses*

Avec le temps (et beaucoup de publicité), vous vous êtes créé des besoins que vous considérez maintenant comme essentiels. Plusieurs choses font partie de cette catégorie. Je vous en donne un exemple et vous mets au défi d'en trouver deux autres.

Mon exemple? L'eau en bouteille! Oui, l'eau est essentielle à la vie. Mais qui a dit que les bouteilles le sont? Vous avez toujours une bouteille d'eau avec vous dans votre auto? Vous devez donner de l'eau aux enfants dans leur boîte à lunch? Aucun problème! Allez acheter une bouteille réutilisable (et ce n'est pas nécessaire de payer 10$, vous pouvez en trouver à prix très modique) et remplissez-la tous les jours avec de l'eau fraîche! Vous trouvez l'eau du robinet trop chaude à votre goût? Prenez l'habitude de garder une carafe d'eau froide dans votre réfrigérateur! Vous contribuerez au respect de l'environnement en cessant de consommer des bouteilles de plastique et contribuerez aussi à votre santé financière!

À vous maintenant! Je vous mets au défi de trouver deux exemples concrets d'articles que les campagnes publicitaires et les us et coutumes de notre société vous ont porté à considérer comme étant essentielles mais qui, dans les faits, ne le sont pas du tout!

*

La troisième étape demande un grand travail de réflexion sur vos dépenses et surtout vos habitudes de vie. Vous consommez beaucoup plus que vos parents et vos grands-parents. Vous avez été élevé dans une société d'abondance et de surconsommation. Vous ne voulez sûrement pas retourner dans le passé avec vos chaudrons et poêlons! Mais vous pouvez faire de petits efforts quotidiens et remettre en question certains éléments dits immuables.

Votre contrat de location d'automobile arrive à échéance? Avez-vous calculé l'économie à réaliser si vous achetiez une voiture usagée de quelques années? Cela en vaudrait-il la peine? Votre fils veut faire du karaté? Avez-vous vérifié si vous pouviez trouver cette activité subventionnée par la ville? Existe-t-il de grandes différences de prix?

Attention! Je ne vous incite pas ici à tricher et à vous lancer dans de multiples dépenses et activités! L'idée est de vous amener vers une autonomie financière. N'oubliez pas! Si vous vous approchez trop rapidement du gouffre financier, vous devez cesser toute dépense superflue, incluant coiffure, vêtements et activités. Mais si vous voulez simplement avoir un meilleur contrôle de vos finances, vous trouverez dans ces petits trucs des façons simples de continuer à vaquer à vos occupations sans trop en payer le prix. Telle une façade de maison, c'est la force de chaque brique, déposée une à une, qui permettra d'ériger un mur solide capable de résister au vent!

Un peu d'aide, s'il vous plaît!

Jusqu'à maintenant, je ne vous ai jamais demandé de dévoiler à qui que ce soit votre démarche. Certains en ont probablement parlé à leur conjoint et lui ont demandé de se conformer au mode grande récession, alors que d'autres ont entamé les démarches seuls.

Il est maintenant temps de briser ce silence et de trouver un mentor!

Il est très difficile de mettre les choses en perspective lorsqu'elles vous concernent personnellement. Un peu de recul face à une situation fait parfois le plus grand bien. En partageant votre projet de redressement financier avec quelqu'un et en lui parlant des défis surmontés et des efforts accomplis, vous augmentez vos chances de succès.

Trouvez une personne avec qui partager votre succès quotidien. Trouvez celui ou celle qui saura vous donner un peu de perspective!

Choisissez quelqu'un qui vous soutiendra sans vous sermonner. C'est primordial. Vous devrez ensuite lui faire part de vos efforts et lui expliquer son rôle spécifique. Pour ceux qui suivent ce guide en couple, vous pouvez, l'un et l'autre, vous épauler. Il est aussi bénéfique d'impliquer une tierce personne qui pourra vous ramener sur la bonne voie ou faire office d'arbitre en cas de désaccord.

En parlant de votre projet, vous vous rapprochez du succès. Cela devient plus tangible. En communiquant, vous vous engagez aussi à continuer, que ce soit consciemment ou non. Votre mentor doit vous épauler dans votre processus tout en restant positif et indulgent.

Le mentor idéal:

- s'informe régulièrement de vos progrès;
- vous félicite de vos accomplissements;
- ne vous sermonne pas pour vos faux pas;
- questionne certaines de vos dépenses sans pour autant porter de jugement;
- vous offre un certain recul;
- vous apporte soutien et réconfort lorsque vous en ressentez le besoin.

Vous ne savez pas qui choisir? Parler tranquillement de finances avec des personnes sélectionnées et vous verrez qui est la plus réceptive face au sujet délicat des finances personnelles!

*

Maintenant que vous avez votre mentor, vous devez accepter qu'il vous questionne sur la pertinence des dépenses effectuées. Voici le secret afin que votre relation soit fructueuse:

- Lorsque votre mentor vous questionne, *répondez simplement sans vous justifier.*
  - Il est préférable de ne rien répondre et de réfléchir seul plutôt que de vous justifier inopinément.
- Entendez-vous sur un code signifiant une trêve.
  - Vous ne voulez pas en entendre parler? Vous avez eu une grosse journée et vous ne pouvez supporter les reproches? Utilisez votre code de telle manière que votre mentor saura quand ne pas aborder le sujet des finances... pour l'instant.
- Apprenez à voir la critique comme étant constructive, non destructive.
  - Inutile de prouver à qui que ce soit que vous avez raison. Votre mentor apprécie déjà votre persévérance et votre courage envers votre projet. Si vous ne savez pas quoi dire devant une critique, taisez-vous. Vous y réfléchirez plus tard.
- N'hésitez pas à demander plus d'encouragement de sa part.
  - Si vous avez l'impression que votre mentor vous critique plus qu'il ne vous félicite, dites-le-lui! Il ne s'en rend probablement pas compte.

Petit mot à l'intention des mentors

Cher mentor,

Vous avez été choisi pour épauler une personne qui vous est chère dans un processus difficile, soit un redressement financier. Je ne doute pas que vous souhaitiez le succès de son entreprise. Alors voici quelques trucs à ne pas oublier.

- *SVP, soyez indulgent.*
- *Les efforts qui ont été faits jusqu'à maintenant sont importants et ne devraient pas être sous-estimés.*
- *Ce qui vous semble simple et clair ne l'est pas nécessairement pour l'autre.*
- *Assurez-vous de féliciter sur une base régulière.*
- *Pour chaque critique (constructive, bien sûr!), vous devez féliciter trois à cinq fois.*
- *Assurez-vous d'avoir des conversations sans aucune remarque condescendante. Idéalement, une conversation sur trois ne devrait être que POSITIVE.*
- *Dévoiler ses finances à quelqu'un est comparable à se mettre à nu. La plupart des gens sont très pudiques à cet effet.*
- *Vous avez été choisi car cette personne a extrêmement confiance en vous.*

Votre mentoré et moi vous remercions de votre engagement. Vous êtes dorénavant partie prenante de son succès!

La troisième étape vous pousse vers la perfection de votre art. En réévaluant vos performances et en demandant et acceptant l'aide d'un mentor, vous vous donnez les outils nécessaires à une amélioration continue.

▸ TROISIÈME ÉTAPE DE LA DISCIPLINE, ENCORE PLUS DE DISCIPLINE !

Le temps est venu de passer devant le jury de votre propre conscience!

Quel est le secret de la troisième étape?

- Ayez le courage d'admettre vos erreurs et vos faiblesses.
- Ne vous justifiez pas... surtout pas à vous-même.
- Faites la liste des dépenses que vous pensiez absolument nécessaires mais qui ne l'étaient pas.
- Essayez d'éviter de retomber dans le panneau en recommençant les mêmes erreurs et, surtout, en les justifiant!
- Faites preuve de créativité! Osez le changement!

Trouvez un mentor qui saura vous offrir une perspective, une personne:

- qui se renseigne régulièrement sur vos progrès;
- qui vous félicite de vos accomplissements;
- qui ne vous sermonne pas pour vos faux-pas;
- qui questionne certaines de vos dépenses sans pour autant porter un jugement;
- qui vous apporte une perspective;
- qui vous offre soutien et réconfort lorsque vous en ressentez le besoin.

Chapitre 6

Quatrième étape: gérer votre mode de paiement

Devriez-vous payer comptant ou par carte? L'œuf ou la poule?

La diversité des modes de paiement est en partie responsable de la grande difficulté à contrôler ses dépenses. Je me souviens très bien qu'il y a trente ans, ma mère allait à la banque le lundi pour retirer l'argent dont elle avait besoin pour la semaine. Aussi simple que cela. La carte de crédit n'était utilisée qu'en cas d'urgence. Il était alors plus simple de suivre ses finances. Aujourd'hui, la diversité des modes de paiement rend la tâche beaucoup plus difficile. On paie comptant, par carte de débit, sans compter toutes les fois où l'on paie par carte de crédit. Comment peut-on suivre ses dépenses en utilisant simultanément plusieurs modes de paiement? C'est quasi impossible. Comment remédier à la situation? C'est simple! *Choisissez un seul mode de paiement et n'en dérogez pas!*

Quoi? Impossible! Trop compliqué! Je n'aime pas avoir de l'argent sur moi, etc. Il existe mille et une raisons de ne pas le faire. Rappelez-vous qu'il n'y a pas si longtemps les cartes de débit n'existaient pas, les magasins étaient fermés le dimanche et personne n'en souffrait! Afin de mieux contrôler vos dépenses, vous *devez* vous limiter à une seule forme de paiement.

Paiement comptant seulement

Vous pouvez retourner aux sources et décider de payer comptant seulement, comme vos parents il y a quelques décennies. Il y a des avantages indéniables à payer de cette façon mais aussi quelques désavantages.

Les avantages de payer comptant:

1. Vous ne dépenserez que l'argent dont vous disposez.
2. Payer comptant offre un visuel intéressant sur vos dépenses. Vous retirez 100$ pour votre semaine. Mercredi, vous remarquez qu'il ne reste que deux billets de 20$. Vous ajusterez vos dépenses rapidement afin de pouvoir survivre les jours restants.
3. En remettant de l'argent liquide à la caisse, vous êtes d'autant plus conscient de la valeur de cet argent. Ne soyez pas dupe! La surconsommation a été fortement encouragée par le paiement avec des cartes de débit et de crédit. Psychologiquement, lorsque vous payez comptant, vous remettez en main propre le fruit de vos efforts à la caissière. Vous serez beaucoup plus conscient du montant déboursé.
4. Payer comptant aide à prendre conscience de la valeur des pièces de monnaie. Il n'est pas rare de voir des gens faire peu de cas des pièces de monnaie, sous prétexte qu'elles ne valent rien. Lorsque l'on paie tout comptant, on réapprend la valeur des pièces. En effet, il est parfois étonnant de réaliser que, dans un petit

compartiment à monnaie, il y a plus de 20$! Comme quoi c'est avec de la monnaie qu'on fait des dollars!

Les désavantages de payer comptant:

1. Payer comptant ne fonctionne que dans la mesure où l'on contrôle l'argent que l'on retire. Je m'explique. Chaque jour, vous retirez de 20 à 40$ au guichet afin de toujours payer comptant. Combien avez-vous retiré à la fin de la semaine? Aucune idée? Pourquoi? Parce que la méthode de payer comptant implique que l'on retire UN montant fixe à des temps précis afin de mieux contrôler ce que l'on dépense. Aller retirer au guichet régulièrement à coups de 20$ peut faire dérailler rapidement vos finances!
2. Il faut calculer les frais de retrait des guichets automatiques. Je n'apprendrai rien à personne que certains guichets chargent des frais de plusieurs dollars pour chacune de vos transactions. Si vous déboursez 2,50$ de frais + 1,50$ relié à votre banque pour un retrait de 20$, ce n'est pas stratégique. Essayez de déterminer où se trouvent les guichets automatiques de votre institution financière. Vous serez un peu plus riche!
3. Vous devez conserver les factures de vos achats. Pourquoi? Parce que si vous vous demandez où vous avez bien pu dépenser tout cet argent et que vous n'avez gardé aucune facture, vous ne serez jamais en mesure d'évaluer convenablement votre situation.
4. Il peut devenir frustrant de toujours voir votre argent vous filer entre les doigts. Cela peut même vous pousser à l'abandon. En voyant constamment votre argent disparaître, vous ne pensez qu'à cela et votre obsession de réussir se transforme doucement en obsession de dépenser encore plus (par désir d'opposition).

Si vous sentez la frustration monter à un niveau où vous êtes prêt à tout laisser tomber, vous devez immédiatement considérer le fait de choisir un autre mode de paiement.

Si vous choisissez de tout payer comptant et que vous êtes discipliné, vos chances de réussite sont très grandes. Voici quelques outils afin de vous aider dans votre démarche:

- Déterminez d'avance un montant hebdomadaire dont vous pourrez disposer.
- Ne retournez pas au guichet retirer des petits montants.
- Gardez toutes vos factures.

Paiement par carte de débit seulement

Le paiement par carte de débit est tellement courant que plusieurs ne paient jamais comptant. C'est une habitude qui a évolué avec le temps. Particulièrement si vous êtes de la génération Y, l'idée de payer comptant doit vous sembler complètement farfelue, n'est-ce-pas? Vous pouvez arriver au même résultat en ne payant que par carte de débit.

Voici les avantages de payer par carte de débit seulement:

1. Vous aurez un sommaire à tous les mois (papier ou électronique) de toutes vos dépenses. Vous pourrez voir exactement là où vous avez flanché!
2. Pour ceux qui ont accès à leur compte sur Internet, vous pourrez suivre au jour le jour le solde de votre compte.

Maintenant, les désavantages du paiement par carte de débit:

1. Faites attention de ne pas dépenser l'argent du loyer! En effet, ce n'est pas parce votre transaction est acceptée au comptoir que vous avez l'argent pour l'effectuer. Si vous aviez prévu un montant de 1000$ pour votre loyer, vous pouvez vous retrouver avec un solde de 900$ sans même vous en rendre compte. Une façon de détourner ce problème est d'avoir deux comptes bancaires, soit un pour les dépenses mensuelles et préautorisées (loyer, hydro, téléphone, assurances, etc.) et un autre pour les dépenses courantes. Lorsque le solde de votre compte de dépenses courantes est à zéro, vous ne pourrez plus dépenser. Vous n'aurez pas à vous inquiéter pour le paiement du loyer qui sera protégé dans un compte distinct.
2. Lorsque l'on paie par carte, on ne porte pas attention au montant affiché sur l'écran. Une dépense de 68$ vous semble aussi anodine qu'une dépense de 17$, contrairement à ce que l'on peut ressentir lorsque l'on paie comptant et que l'on doit compter les billets de 20$. Il faut être vigilant!

Vous avez sélectionné le mode de paiement par carte de débit? Voici *quelques outils* qui vous seront utiles:

- Ayez un compte indépendant pour vos dépenses courantes afin de ne pas dépenser l'argent réservé pour vos mensualités, comme votre loyer.
- Prenez quelques minutes, une à deux fois par semaine, pour vérifier où vous en êtes sur votre relevé électronique.

- Mettez un petit collant de couleur sur votre carte afin de vous rappeler de vous questionner sur la pertinence de votre achat avant de sélectionner OK sur la petite machine.
- Informez-vous des frais bancaires en cas d'insuffisance de fonds sur les paiements préautorisés.

Attention danger!

Vous avez choisi votre mode de paiement. Vous entamez l'aventure avec positivisme! Mais un grand danger vous guette! Lequel? Prétendre que vous n'utilisez qu'un seul mode de paiement alors qu'en fait vous en utilisez plus d'un! Si vous pensez payer comptant seulement mais que vous décidez de payer par carte de débit ou crédit en fin de mois, vous pouvez créer une situation pire que celle dans laquelle vous étiez auparavant. Car vous avez créé *l'illusion* que vous contrôliez vos dépenses... alors que, dans les faits, vous vous accordez quelques écarts. Il est primordial de ne vous en tenir qu'à UN SEUL mode de paiement.

Paiement par carte de crédit? Il y a une raison simple pour laquelle je n'offre pas le choix de ce mode de paiement exclusivement. Bien que de plus en plus populaire, cette option est la plus risquée, car la plupart du temps la limite est beaucoup trop élevée par rapport à vos revenus. Il est donc périlleux de choisir ce mode de paiement. Je vous conseille fortement d'utiliser le paiement comptant ou par carte de débit pour l'instant. Lorsque vous aurez confiance en vos capacités de freiner une dépense avant même de l'avoir effectuée et que vos finances seront en bien meilleure santé, vous pourrez être tenté d'effectuer vos paiements par carte de crédit. Soyez conscient que vous pouvez très rapidement anéantir les efforts de plusieurs semaines, voire de mois de travail.

QUATRIÈME ÉTAPE
GÉRER VOTRE MODE DE PAIEMENT

Choisissez un seul mode de paiement et n'en dérogez pas!

Vous pouvez choisir de payer:

- comptant seulement;
- par carte de débit seulement.

ATTENTION!

- En combinant différents modes de paiement, vous pouvez mettre en péril tous vos efforts!
- Choisir de tout payer par carte de crédit est une solution risquée. Mieux vaut reprendre un excellent contrôle de votre situation financière avant de vous le permettre.

Chapitre 7

Cinquième étape: parlons d'avenir!

Félicitations! Vous avez tenu bon. Vous êtes beaucoup plus conscient de vos dépenses et vous les avez considérablement réduites. Avant chaque dépense, vous vous demandez si elle est absolument nécessaire et vous n'avez plus honte de remettre un article discrétionnaire à la caissière. Votre mentor vous encourage et vous ramène à l'ordre au besoin. Maintenant, vous n'utilisez qu'un seul mode de paiement et vous avez l'impression de mieux maitriser vos sorties d'argent.

J'imagine qu'avant d'entamer tout ce processus, vous aviez des projets. Il y a une raison qui vous a poussé à acheter ce livre, à entamer sa lecture et, surtout, à mettre en action les idées proposées. Vous aviez un rêve. Quel était-il?

- Vous rêviez d'en finir avec vos dettes?
- Vous rêviez d'une belle retraite?
- Vous rêviez de visiter l'Afrique?
- Vous rêviez d'acheter votre maison?

Quel que soit votre rêve, il est probable que celui-ci vous a poussé vers l'action. Il est prouvé que vos chances de succès sont plus grandes si vous travaillez dans le but d'obtenir quelque chose de positif. Quel était ce rêve? Pourquoi avez-vous fait tous ces efforts?

Écrivez ce rêve, ce but.

Pour certains, c'est l'autonomie financière. Pour d'autres, ce sera un projet particulier. Ce qui importe, c'est de mettre par écrit ce qui vous motive jour après jour. Ce petit bout de papier vous servira de signet dans votre livre. Pourquoi maintenant? Parce que vous êtes à un point tournant dans votre démarche. Vous avez modifié vos vieilles habitudes. Vous ne pensez plus ni ne dépensez de la même façon. Vous voici donc à l'étape de la reconstruction.

Êtes-vous prêt?

Stratégie de remboursement de dettes

Voici venu le temps de vous attaquer aux dettes! Pour atteindre une autonomie et une santé financières, il faut d'abord et avant tout contrôler ses dépenses. Ensuite on doit s'attaquer aux dettes! Vous avez accumulé des dettes, disons... *salées*, n'est-ce pas? Vous avez eu le courage de freiner l'endettement, maintenant vous devez avoir la détermination de reprendre le contrôle de vos remboursements.

Vous en avez la nausée? Regardez votre petit bout de papier. Et rêvez...

La nausée a disparu? Allez, on se remet au boulot! Voici maintenant la tâche qui vous attend:

- Sortez feuilles de papier et crayon;
- Inscrivez toutes vos dettes.

Vous êtes prêt à tout laisser tomber? Vous êtes incapable de faire la liste? J'ai une solution... Demandez à quelqu'un de vous aider. Que ce soit votre mentor, votre conjoint ou encore une personne de confiance, voici ce que vous devez faire.

La personne choisie doit, crayon et papier en main, vous demander (et noter) ce qui suit:

Liste des dettes		**Pour chaque dette**
• Hypothèque • Marge de crédit hypothécaire • Marge de crédit personnelle • Prêt auto • Prêt piscine • Paiement meubles • Prêt étudiant • Cartes de crédit • Autres dettes NOTE: *Avant de poursuivre, toujours demander « Y a-t-il autre chose?»*	*Et pour chacun des articles, demandez ce qui suit...* ⇨	• Montant total dû • Taux d'intérêt • Remboursement mensuel minimum • Frais annuels, s'il y a lieu *Voir ci-dessous pour les détails sur les questions suivantes:* • Améliorations possibles • Priorité de paiement A, B ou C • Montant mensuel de remboursement possible

En demandant l'aide de quelqu'un, vous trouverez l'exercice beaucoup plus facile. La personne n'a qu'à poser les questions l'une après l'autre et vous serez concentré à donner l'information plutôt qu'à vous tourmenter sur votre situation. Je le vis régulièrement avec mes clients. Lorsque je leur demande quelles sont leurs dettes, plusieurs sont très réticents au départ. Je leur pose les questions sans émettre de commentaire. Un à un, je demande les détails de chaque dette contractée. C'est seulement lorsque la liste a été complétée que nous en discutons. Plusieurs personnes m'ont mentionné qu'elles n'avaient jamais réussi à faire l'exercice avec autant de précision et qu'elles en sont sorties gagnantes.

Pour chaque dette, vous avez noté le montant total dû, le taux intérêt, le remboursement mensuel minimum et les frais annuels, s'il y a lieu. Je vous demande aussi d'écrire ce qui suit: les améliorations possibles, la priorité de paiement A, B ou C, le montant mensuel de remboursement possible.

Qu'est-ce que cela veut bien dire?

▶ *Les améliorations possibles*

Peut-on diminuer les taux d'intérêt? Peut-on réorganiser ses finances afin d'avoir une meilleure gestion de dettes? Je vous donnerai quelques exemples un peu plus loin afin de vous inspirer et de vous donner quelques pistes de solution.

▶ *La priorité de paiement A, B ou C*

Toutes vos dettes ne sont pas prioritaires. Par exemple, le paiement de l'hypothèque, qui est prioritaire, doit se faire selon les modalités prévues. Par contre, le remboursement de vos meubles en douze mois sans intérêt n'est pas exigible immédiatement. Il est important de distinguer les dettes prioritaires de celles qui ne le sont pas.

A - DETTE PRIORITAIRE...

Par exemple l'hypothèque, le paiement de la voiture, le versement minimum exigible sur vos cartes de crédits, etc. Ces dettes sont prioritaires car un défaut de paiement pourrait avoir des répercussions financières et affecter votre cote de crédit.

B - DETTE SECONDAIRE AVEC HAUT TAUX D'INTÉRÊT...

Par exemple le remboursement en capital de votre carte de crédit à 19% ou 29% d'intérêt, etc.

C - DETTE SECONDAIRE AVEC FAIBLE TAUX D'INTÉRÊT...

Par exemple le remboursement en capital de votre marge de crédit, le solde de votre carte de crédit à faible taux, les prêts sans intérêt payables douze mois plus tard, ou encore le montant que votre mère vous a prêté à 0%, etc.

Un même item peut avoir deux priorités, par exemple une carte de crédit à 19% d'intérêt. Vous pourriez avoir A: 75$ (montant minimum requis) et B: 2000$ (solde à payer). Votre deuxième carte de crédit à 9% d'intérêt serait, quant à elle, comme suit: A: 55$ (montant minimum requis) et C: 1300$ (solde à payer). Votre solde à payer est classé B ou C selon le taux d'intérêt et l'urgence de rembourser!

▶ *Le montant mensuel de remboursement possible*

Vous connaissez beaucoup mieux l'état de vos finances. En contrôlant mieux vos dépenses, vous avez repris un plus grand contrôle sur votre budget. Vous devriez maintenant être en mesure de déterminer un montant additionnel applicable au remboursement de vos dettes.

Ne paniquez pas! Nul ne vous demande de tout payer intégralement. De toute façon, ce serait utopique de vous le demander. Vous êtes capable de rembourser un peu plus que ce que vous faisiez auparavant, cela je n'en doute pas! Vous aviez l'habitude de payer le minimum de 75$ sur votre carte de crédit? Êtes-vous capable maintenant de payer 125$? Voilà le genre de questions que vous devez vous poser.

Mais où devriez-vous concentrer vos efforts? Sur les lettres A et B!

Tous les paiements ayant reçu la lettre A sont obligatoires et, en théorie, vous les effectuez déjà. N'oubliez pas qu'il est primordial de régler *tous vos paiements minimum avant la date prescrite* afin de conserver une bonne cote de crédit.

Vous devez maintenant vous attaquer aux dettes B et C. Comment? Regardez vos dettes classées B. Ce sont celles qui vous coûtent le plus cher. Vous devez donc y porter une attention particulière, et ce, rapidement. Ne sous-estimez jamais l'importance d'un taux d'intérêt élevé. Maintenant que vous avez votre liste des dettes B, priorisez le remboursement de celles dont le taux d'intérêt est le plus élevé. Si vous disposez de 200$ à cette fin, vous priorisez le remboursement de votre carte à 29% d'intérêt plutôt que celle à 19%.

J'ai discuté précédemment d'une meilleure gestion des taux d'intérêt et de la possibilité de réorganiser vos cartes et vos dettes afin de bénéficier de meilleurs taux et ainsi avoir plus de liquidités disponibles pour leur remboursement.

Il n'est pas trop tard pour le faire! C'est de cette façon que vous reprendrez le contrôle de vos finances plus rapidement!

Mais prenez garde! Un remboursement C peut rapidement se transformer en B! Les exemples patents sont les paiements reportés de douze ou dix-huit mois. Vous avez acheté des matériaux de rénovation et la compagnie vous a offert de reporter le paiement de dix-huit mois, et ce, sans intérêt. Oui, cela est très avantageux. Par contre, saviez-vous que certains vont vous facturer l'intérêt rétroactivement si vous avez un retard de paiement, ne serait-ce que d'une seule journée? Et ce, à un taux de 29% depuis la date de votre achat? Il faut vous assurer de bien connaître les modalités des promotions offertes et d'en tenir compte dans votre gestion de remboursement. Il devient prioritaire de payer cette dette AVANT l'échéance afin d'éviter de se voir facturer dix-huit mois d'intérêt à 29 % d'un seul coup!

▶ *Petits trucs*

Voici quelques trucs à mettre en œuvre afin d'accélérer le processus de remboursement de dettes.

1. Cessez d'utiliser vos cartes de crédit.

   Rangez-les dans un tiroir, remettez-les à votre conjoint, demandez à quelqu'un de les cacher dans votre maison. *Ne dépensez plus l'argent qui ne vous appartient pas.* Rien ne sert de rembourser 100$ si vous vous endettez de 200$ supplémentaires à chaque mois! Cessez de les utiliser, point final.

2. Augmentez graduellement mais constamment votre montant de remboursement de dettes.

   Vous avez décidé de rembourser 100$ supplémentaires mensuellement. Le mois suivant, essayez d'augmenter le montant de remboursement de quelques dollars (par exemple 125$). Et ainsi de suite. Vous atteindrez votre objectif et votre rêve beaucoup plus rapidement!

3. Fixez-vous des objectifs à atteindre.

   Ne mettez pas la barre trop haute! Donnez-vous des objectifs réalisables rapidement et, dès que vous aurez atteint votre but, établissez-vous d'autres objectifs.

4. Apprenez à vous féliciter.

   Savoir reconnaître vos accomplissements et vous en féliciter n'est pas dans vos mœurs? Ne ressentez pas de gêne ou de honte à vous féliciter vous-même. Soyez fier de vous! Vous le méritez! Demandez à votre mentor de le faire lorsque vous atteignez votre objectif.

5. Révisez votre stratégie de remboursement régulièrement.

   Vous évoluez avec le temps. Il importe que vous révisiez votre stratégie tous les deux à trois mois afin de vous assurer que vous êtes toujours sur la bonne voie. N'oubliez pas de prioriser les dépenses urgentes et coûteuses. Revenez à votre liste initiale et ajustez-la. Vous verrez tout de suite si vous avez repris un contrôle adéquat sur vos dettes. Les montants diminuent? Bravo! Vous verrez le fruit de vos efforts se concrétiser et vous serez d'autant plus encouragé à persévérer.

6. Demandez l'aide d'un professionnel.

   Vous hésitez sur la meilleure stratégie à appliquer? Quelle dette devrais-je mettre de l'avant en premier? Dois-je rembourser plus ou moins telle dette? Est-ce réaliste? Vous pouvez demander l'avis d'un expert. Il saura vous guider et vous donner de la perspective!

▶ *Consolider?*

Au cours du processus, vous entendrez sûrement parler de consolidation de dettes, de prêt à 0% d'intérêt, de marge de crédit hypothécaire vous permettant de rembourser vos dettes les plus onéreuses, etc. Ce sont là de belles stratégies pour diminuer le montant d'intérêt et rembourser plus rapidement le capital.

Par contre, j'ai souvent vu dans ma pratique des gens s'endetter davantage en profitant d'offres aussi alléchantes.

C'est pourquoi j'ai plutôt tendance à vous mettre en garde contre celles-ci, du moins pour l'instant. Oui, vous êtes gagnant à consolider vos dettes sur une marge de crédit hypothécaire, ce qui diminue vos taux d'intérêt. Le problème est que cela crée un faux sentiment de richesse. *Vous aurez l'impression d'avoir payé vos cartes de crédit alors que, dans les faits, vous n'avez que déplacé la dette.* Conséquence? Vous allez remettre de l'argent sur vos cartes de crédit et vous vous retrouverez six à neuf mois plus tard dans la même situation, exception faite que vous aurez maintenant quelques milliers de dollars de plus sur votre marge de crédit. Est-ce le cas pour tous? Non, bien entendu. Mais ce sera certainement le cas pour certains.

Il est donc important de reprendre le contrôle de ses dépenses AVANT de faire une refonte complète de son crédit.

Si vous consolidez sur une marge de crédit, détruisez vos cartes et, surtout, ne les utilisez plus, vous aurez de bonnes chances de réussir. Chaque personne est différente, chaque situation est différente. Je vous invite donc à la prudence avant d'entreprendre ces différentes stratégies.

Bâtir un coussin de sécurité

Aimez-vous voguer sur l'eau? Que ce soit sur un voilier ou sur un bateau de plaisance, j'adore naviguer. Qu'est-ce qui rend mon expérience aussi agréable? Je me sens en sécurité. Car, dans mon embarcation, il y a des bouées et des gilets de sauvetage. Mon coussin de sécurité.

Il en va de même pour vos finances. Vous devez avoir une bouée pour faire face aux intempéries de la vie. Lorsqu'on a un coussin de sécurité, on est beaucoup mieux préparé à faire face à une tempête.

Plusieurs considèrent à tort le crédit comme un coussin de sécurité. Il n'y a rien de plus faux.

- Jetez à l'eau vos idées préconçues de coussin de sécurité !
- Cessez de croire qu'une carte de crédit est une bouée de sauvetage!
- Ouvrez votre esprit à la nécessité, à l'importance et à la gratification de vous bâtir une réserve pour les jours pluvieux.

*

Qu'est-ce qu'un coussin de sécurité? Il s'agit d'un montant que vous accumulez et réservez ailleurs que dans votre compte courant en vue des pépins qui peuvent survenir.

Mettre de l'argent de côté *au cas où*... c'est ennuyant. Et si on reprenait cette définition pour rendre cette expérience un peu plus agréable? Que diriez-vous alors de:

** Qu'est-ce qu'un coussin de sécurité? Il s'agit d'un montant que vous accumulez et réservez ailleurs que dans votre compte courant en vue des pépins qui peuvent survenir ***et en prévision de la réalisation d'un projet qui vous tient à cœur.***

Wow! Beaucoup plus intéressant!

Voici la méthode:

1. *Instaurez le prélèvement automatique* d'un petit montant sur votre compte bancaire à chaque paie. Par exemple, vous pouvez commencer avec 25$ à toutes les deux semaines. Ce montant est transféré dans un compte d'épargne, sans carte de débit.

2. À tous les trois à six mois (selon votre personnalité et votre situation) vous *augmentez le montant mensuel préautorisé*. Votre coussin gonflera plus rapidement.
3. *En cas de pépin, essayez de voir si vous pouvez absorber la dépense dans votre budget* (sans vous endetter, bien entendu) afin que votre coussin puisse rester tel quel et ainsi ne pas reporter votre projet qui vous tient tant à cœur.
4. Lorsque le montant dépasse un certain seuil, vous pouvez redistribuer l'excédent de votre coussin de sécurité en l'investissant ailleurs, en le mettant dans un REER, en remboursant un peu plus certaines dettes ou encore en commençant à planifier votre projet de rêve. *L'important est de toujours laisser un montant minimum (quelques centaines de dollars) pour les intempéries.* Certains considèrent qu'un coussin de sécurité devrait contenir de un à deux mois de salaire, d'autres de une à deux semaines. Libre à chacun de déterminer le montant qu'il juge approprié.

Impossible? Vous pensez être incapable d'y arriver? Vous serez surpris de la facilité avec laquelle vous vous habituerez à un prélèvement dans votre compte et de la vitesse à laquelle les montants s'accumuleront. Il n'est pas rare pour moi de rencontrer des clients qui ne pensent pas être capables de mettre 500$ de côté. Ils commencent par 25$ à chaque paie. Trois mois plus tard, ils augmentent le montant à 50$ par paie. Un autre trois mois plus tard, à 75$ par paie. Petit à petit, ils se constituent ainsi un coussin important qui leur permettra par la suite de mettre de l'avant de beaux projets, comme l'achat d'une maison!

Épargner pour l'avenir

Si je vous demande comment vous entrevoyez votre avenir, je suis presque certaine que vous en avez une vision agréable. Vous pouvez vous visualiser dans votre nouvelle maison, vous vous imaginez à l'aise financièrement, avec des enfants ou alors que vos enfants sont partis de la maison. Vous pensez peut-être à la retraite! Jouer au golf toutes les semaines et partir en croisière durant les longs mois d'hiver… Généralement, lorsque vous vous projetez dans le temps, vous avez une vision positive de votre avenir.

Tout est possible. Tout. Si vous avez cette vision, vous serez probablement en mesure de l'atteindre à condition que vous mettiez en place dès maintenant une façon de faire orientée vers vos objectifs de vie à moyen et long termes.

Rien n'est impossible! Il suffit d'y croire… et d'orienter vos actions vers vos objectifs! C'est aussi simple que cela: *orienter vos actions vers vos objectifs.*

J'entends souvent la remarque qu'on doit d'abord et avant tout vivre le moment présent. Rien ne sert de se serrer la ceinture toute sa vie alors qu'on ne sait pas quand la mort cognera à notre porte! Je suis d'accord… du moins en partie.

Je ne prétendrai jamais qu'il faut s'arrêter de vivre aujourd'hui pour planifier demain. Mais comment définissez-vous vivre aujourd'hui? Est-ce que cela signifie s'accorder toute sortes de dépenses futiles qui seront oubliées dans quelques semaines, voire quelques jours? Voilà la vraie question. En fait, tout est une question de choix.

Il importe de faire des choix de vie aujourd'hui afin de préserver AUSSI vos choix de demain.

Choisir est un privilège. Afin de vous aider dans cette démarche d'épargne, il est important de choisir des objectifs et des rêves à court, moyen et long termes.

▶ *Le droit de rêver*

À vos papiers et crayons! Sur votre feuille de papier, vous devez écrire:

▶ JE CHOISIS LES OBJECTIFS SUIVANTS :

- À court terme (moins de 2 ans):

  ____

  ____

- À moyen terme (de 2 à 5 ans):

  ____

  ____

- À long terme (plus de 5 ans):

  ____

  ____

- Pour la retraite:

  ____

  ____

Signature avec la date:

____

N'écrivez pas plus de deux à trois objectifs par période donnée. *Vous devez exercer votre droit de choisir vos objectifs et vos rêves.* Plus vous en aurez, plus votre énergie et vos efforts seront éparpillés et moins ils seront efficaces.

Donnez-vous le droit de rêver. Donnez-vous le temps de réfléchir à vos rêves. Parlez-en à votre conjoint. Finalement, choisissez vos rêves à court, moyen, long termes ainsi que ceux pour votre retraite.

*

Vous venez de mettre par écrit vos objectifs et, en agissant ainsi, vous avez pris un engagement envers vous-même. Cette liste est-elle immuable? Non, bien entendu. C'est pourquoi il est primordial de lui mettre une date. À tous les trois à six mois, vous devrez réviser vos objectifs et y apporter des modifications s'il y a lieu. Votre situation évolue constamment, vos rêves aussi. Il est important de mettre votre liste à jour afin de mieux refléter votre réalité et augmenter vos chances de succès.

> James avait le projet à long terme d'acheter sa première maison, soit dans cinq à sept ans. Il était célibataire vivant en appartement, fraîchement diplômé avec un nouvel emploi intéressant. C'est d'ailleurs à son travail qu'il a fait la connaissance de Marilyn, dont il est tombé rapidement amoureux. Ce qui devait arriver arriva, Marilyn est tombée enceinte. C'est alors qu'ils ont planifié de faire l'acquisition, d'ici deux ans, d'une maison en banlieue pour y élever leur famille. Le projet de maison de James, prévu à long terme, s'est rapidement transformé en projet à court terme. James, reprenant sa feuille en main, a donc dû faire un choix dans ses projets à court terme.

En effet, afin de n'en conserver que deux, il a dû éliminer un projet pour y ajouter celui de la maison. Par contre, il y avait maintenant de la place pour ajouter un projet à long terme! Cruel de devoir laisser tomber un projet? Non. C'était un mal nécessaire. James a fait un choix. Un choix guidé par sa vie et sa nouvelle situation familiale. Saviez-vous quel était son projet à court terme? S'acheter une voiture sport. En fondant une famille, l'achat d'une voiture sport n'était plus du tout adéquat, donc le choix s'est avéré plutôt facile... Et vous savez ce qu'il a choisi à long terme? Eh oui! L'achat d'une voiture sport. Lorsque les enfants seront grands, il pourra se permettre ce rêve de jeunesse. James est resté réaliste quant à sa situation présente et ses objectifs. En agissant de la sorte, il s'est assuré de meilleures chances de réussite.

▶ *Épargne projet*

J'ai discuté plus tôt de l'importance de se constituer un coussin de sécurité. Lorsque ce coussin devient un peu plus gros, il est possible de transférer un certain montant vers d'autres placements, soit un placement projet ou encore un placement retraite.

Afin de déterminer quels types de placement conviennent le mieux selon vos objectifs, il importe de rencontrer un professionnel qui pourra vous conseiller. Voici quelques pistes pour vous guider.

Vous devez compléter un profil d'investisseur pour CHACUN de vos objectifs. Pourquoi? Parce que vous ne placerez pas de la même façon votre argent pour votre retraite et celui pour votre voyage dans deux ans.

Un profil d'investisseur est un outil qui vous permet de déterminer quels types de placement seraient appropriés, en prenant en considération:

- votre âge;
- votre situation financière;
- votre perception de votre situation;
- votre horizon de placement;
- votre tolérance au risque (votre capacité à subir des pertes dans le temps).

C'est une étape très importante lors du choix de vos placements. Assurez-vous d'y porter l'attention nécessaire.

Louise rencontre son conseiller en sécurité financière. Elle a comme projet de visiter la Thaïlande dans deux ans. De plus, elle aimerait commencer à épargner en vue de sa retraite. En discutant avec son conseiller, ils déterminent ensemble que Louise devra épargner un montant de 100$ par mois pour son voyage et de 200$ pour la retraite. Son conseiller lui demande alors de compléter avec lui un profil d'investisseur.

Louise devra compléter *deux* profils d'investisseur. Pourquoi? Parce que son objectif de placement pour son projet de voyage est très différent de celui pour son projet de retraite. Comme il s'agit de deux objectifs différents, elle doit compléter deux profils.

Pour chaque profil, Louise doit toujours penser à son objectif. Par exemple, lorsque son conseiller lui demande quel montant elle serait prête à perdre dans la prochaine année, en cas de soubresauts boursiers, elle a deux réponses complètement différentes. Pour son projet de voyage, Louise ne veut rien perdre, car elle pense utiliser l'argent d'ici deux ans. Par contre, pour son projet de retraite, comme elle dispose de plus de trente ans, elle est prête à prendre plus de risques, car elle aura le temps de récupérer son investissement.

Pour votre épargne projet, vous pouvez utiliser trois méthodes:

- La première consiste à utiliser les excédents de votre coussin de sécurité et à les investir en vue de vos projets.
- La deuxième consiste à mettre un montant de côté de façon systématique dans votre compte projet.
- La troisième consiste, lorsque vous avez des excédents à la fin du mois, à les transférer immédiatement dans ce compte projet.

Financer votre but en vous servant de votre carte de crédit n'est pas une méthode acceptable! Essayez de vous départir de cette mauvaise habitude. Prenez le temps de planifier vos rêves et, vous verrez, ils n'en seront que plus satisfaisants!

La stratégie de l'écureuil

Et si j'étais un écureuil? J'ai toujours eu un grand respect pour les écureuils. Dès le printemps, ils se mettent au travail afin de récolter des noix, une à une, en prévision des longs mois d'hiver. Tout au long de l'été, ils mettent de côté une noix par-ci, une noix par-là. Quelquefois ils perdent leur récolte pour diverses raisons ou, encore, ils oublient le lieu de leur cachette. Qu'à cela ne tienne! Ils poursuivent leur travail avec entrain.

Personnellement, si j'étais un écureuil, il y a fort à parier que, dès le printemps, j'aurais été découragée. Comment arriver à récolter autant de noix afin de subvenir à tous mes besoins pour l'hiver? Juste à l'idée de devoir en ramasser autant, j'aurais préféré être la cigale et chanter tout l'été! Mais l'écureuil ne se décourage pas. En fait, il prend plaisir à ramasser une à une ses noix. Pourquoi? La raison est simple. Il ne voit pas la montagne de noix à ramasser. Il ne voit que la nécessité de ramasser *une noix à la fois*.

Un bon ami écrivain m'a dit un jour: «Si tu veux écrire un livre, ce n'est pas compliqué. Tu n'as qu'à écrire une page par jour et dans environ quatre-vingt-dix jours, soit trois mois, tu auras terminé.» Une page par jour, c'est peu. Quatre-vingt-dix pages, cela me semblait énorme. En divisant ainsi la tâche, il m'a permis de réaliser que ce que je percevais comme une montagne était en effet plutôt simple à réaliser.

Suivez les conseils de l'écrivain!
Allez de l'avant avec
la stratégie de l'écureuil!

La stratégie de l'écureuil est simple. Il faut commencer une noix à la fois. Ne pas regarder la montagne devant vous mais bien y aller pas à pas. Tel que mentionné pour le coussin de sécurité, on commence par un montant minimum, par exemple mettre de côté 25$ par paie. Cela prend en moyenne de trois à six mois pour incorporer une nouvelle dépense à un budget. Dès que vous ne voyez plus cette dépense, que vous avez intégré le 25$ dans votre budget, vous augmentez le montant à 50$, par exemple. Et ainsi de suite. Vous pouvez diversifier aussi. Vous pourriez mettre 25$ pour votre projet et, lorsque le temps est venu d'augmenter la mise, ajouter un 25$ pour votre retraite. Libre à vous de choisir où et à quel rythme vous augmentez la cadence. L'important est de maintenir le cap et d'augmenter le rythme *petit à petit*. C'est une roue positive qui tourne de plus en plus vite! Le plus difficile est de mettre la roue en mouvement. Une fois qu'elle est partie, vous serez sur la bonne voie!

Une noix à la fois, bâtissez votre réserve pour l'hiver.

▶ La retraite dans tout cela?

Plus vous vieillissez, plus la retraite devient une préoccupation majeure. Vos parents avaient peut-être accès à des régimes de retraite généreux? Ce n'est malheureusement plus le cas pour la majorité de la population.

«Dans l'état actuel du système de retraite, plus de la moitié de la population québécoise a un potentiel peu élevé ou nul d'obtenir un niveau adéquat de revenu à la retraite[5].»

À la lueur de ces informations, il est primordial de corriger le tir et d'entamer l'épargne-retraite le plus rapidement possible. Comment calculer le montant nécessaire? Il existe certaines généralités. Il se peut que cela ne s'applique pas à vous, mais à défaut d'effectuer une planification de retraite complète, cela peut vous aider.

À la retraite, vous devriez (en théorie) diminuer légèrement votre train de vie, avoir terminé de payer votre hypothèque et éliminé les dépenses reliées au travail, comme les frais de déplacement. En prenant en considération ces élé-

---

5. LEFRANÇOIS, Maxime; ST-ONGE, Mathieu. *Système de retraite au Québec et au Canada: constats et solutions.* Rapport de recherche de l'Institut de recherche et d'informations socio-économiques (IRIS), mars 2013. http://ftq.qc.ca/librairies/sfv/telecharger.php?fichier=8580.Consulté en novembre 2013.

ments, on estime donc que vous devriez baser vos calculs sur 70% de votre salaire brut annuel lors de votre retraite afin de maintenir sensiblement le même rythme de vie.

Il existe aussi d'autres modes de pensée qui suggèrent que, pour les retraités de soixante ans, il faut calculer 100% du salaire les cinq premières années, car un «jeune retraité» dépensera beaucoup plus en voyages et en loisirs. À vous de choisir l'approche qui vous convient le mieux.

Pour calculer l'épargne nécessaire afin d'atteindre vos objectifs, je vous suggère fortement de vous référer à un professionnel qui effectuera votre analyse de retraite.

▶ *La règle du 10 %*

Existe-t-il une règle vous permettant d'établir le montant que vous devriez attribuer à l'épargne-retraite? Une fois de plus, il s'agit ici de généralités. Il existe la règle du 10%.

Vous devriez attribuer 10 % de votre salaire brut à l'épargne retraite.

Vous m'avez bien compris: 10%! Ce qui veut dire que pour un salaire de 50 000$, vous devriez en épargner 5 000$ annuellement. Impossible? Non, il n'y a rien d'impossible.

Voici les questions que vous devez vous poser:

- Quel est le montant que j'investis présentement pour ma retraite?
- Quel montant représente 10% de mon salaire brut?
- Entre le montant investi présentement et le 10%, où pourrais-je me situer en date d'aujourd'hui?

Il s'agit de trouver un montant entre celui d'aujourd'hui et votre objectif de 10% et de vous mettre en action dès maintenant. Il s'agit peut-être de 4 % ou encore de 1 %, peu importe. *L'important est d'entamer dès aujourd'hui une discipline de placement.* Vous pourrez ensuite mettre en œuvre la stratégie de l'écureuil et augmenter, semaine après semaine, le montant investi. Vous serez en mesure d'atteindre, éventuellement, le 10 % souhaité.

Certains sont scandalisés de ce 10 %. Ils ne veulent pas investir autant et le disent clairement. Sachez par contre que les concessions que vous n'êtes pas prêt à faire maintenant, vous devrez les faire plus tard. Encore une fois, il s'agit d'un choix. Votre choix.

Les intempéries de la vie

Lorsque je parle d'intempéries de la vie, certains haussent les sourcils, d'autres rient alors que quelques-uns ne sont pas certains de ce à quoi je fais allusion. La vie est impossible à prévoir. Vous avez un certain contrôle sur votre destin, mais personne ne peut savoir ce qui lui arrivera dans quelques années. Les intempéries de la vie sont les pépins que vous devrez affronter, un peu comme un orage durant une journée ensoleillée. L'orage qui vient, en quelques secondes, tout noircir… J'ai discuté précédemment d'un coussin de sécurité en cas de tempête, mais s'il s'agissait d'une tornade ou d'un ouragan? Que va-t-il vous arriver, à vous et votre famille, en cas de décès prématuré, de maladie grave ou encore d'invalidité plus ou moins prolongée?

Jusqu'à maintenant, vous avez fait des efforts colossaux pour redresser votre situation financière. Vous avez ouvert votre esprit à une nouvelle façon de voir la vie. Au jour le jour, vous avez repris le contrôle. Qu'adviendrait-il de cette discipline et de ce contrôle s'il vous arrivait un gros pépin?

Imaginez un instant que vous déteniez, dans votre sous-sol, une machine qui imprime des billets de 100$. Chaque semaine, elle imprime des billets régulièrement. Dites-moi, prendriez-vous le risque de ne pas assurer votre machine en cas de bris ou de panne? Si elle imprimait pour 50 000$ de billets par année, l'assureriez-vous?

Et faites-vous de même pour votre propre personne?

Vous assurez votre voiture sans même cligner des yeux. Une voiture neuve? Vous l'assurez «bumper à bumper». Pourtant, il ne s'agit que d'une voiture. Votre salaire, votre gagne-pain, est-il assuré?

Statistiquement parlant, les probabilités de faire face à une des intempéries de la vie sont assez fortes. Deux Canadiens sur cinq (donc 40% de la population) développeront un cancer au cours de leur vie[6]. Un homme âgé de trente-cinq ans a 50% de risque de souffrir d'une invalidité de plus de quatre-vingt-dix jours avant l'âge de soixante-cinq ans[7]. Convaincu?

Vous ne pouvez établir une bonne stratégie financière sans prévoir l'imprévisible. Aussi simple que cela.

Une bonne stratégie de redressement financier doit inclure un resserrement des dépenses, une discipline d'épargne et un plan en cas d'imprévus.

Samuel et Jessica ont deux enfants de quatre et six ans. Samuel, trente-neuf ans, a reçu un diagnostic de cancer.

---

6. *Statistiques canadiennes sur le cancer 2013.* Produit par la Société canadienne du cancer, Statistiques Canada, Agence de la santé publique du Canada et Registres provinciaux et territoriaux du cancer, page 6.
7. AUTORITÉ DES MARCHÉS FINANCIERS. *www.lautorite.qc.ca/files/pdf/devenir-pro/manuels/modifs/f302-t1-mention-impression.pdf.* Consulté en novembre 2013.

Le couple a investi toutes ses économies dans le rétablissement de Samuel (consultation avec différents spécialistes, médication non couverte par l'assurance médicament, etc.) espérant que cela pourrait lui sauver la vie. Malheureusement, une année plus tard, Samuel est décédé. Heureusement, il détenait une assurance vie collective avec son employeur, couvrant deux fois son salaire, pour un total de 100 000$. Jessica a pu utiliser une partie du montant pour payer les frais funéraires, ainsi que rembourser leurs cartes de crédit. Six mois plus tard, elle réalise qu'elle devra vendre la maison. En effet, bien qu'il reste environ 50 000$, elle n'arrive plus. Son salaire de 25 000$ ne réussit pas à couvrir les frais fixes, soit la maison, l'épicerie et autres. Elle n'arrive tout simplement pas à maintenir le niveau de vie qu'ils avaient en couple. Elle se demande comment cela a-t-il bien pu se produire, puisque 100 000$ semblait un si gros montant.

La réalité d'aujourd'hui est très différente de celle d'autrefois. La majorité des familles vit maintenant avec deux salaires. Il faut donc prendre en considération ces éléments lorsque vous évaluez votre situation. Si l'on coupe un de vos deux salaires, pourrez-vous maintenir le même niveau de vie? Pourrez-vous conserver vos acquis, comme la maison, l'automobile ou autres?

Vivre une maladie ou un deuil est aussi très coûteux, il ne faut pas l'oublier. Peut-on sincèrement refuser d'acheter un jeu vidéo à un fils qui vient de perdre son père? Aura-t-on besoin d'aide à la maison? Et les menus travaux? Ce sont des éléments qui peuvent rapidement vous amener vers votre perte d'autonomie financière.

Vous devez prendre conscience de votre situation et prendre quelques minutes afin de réfléchir à ce qui vous arriverait, à vous et votre famille, en cas de décès prématuré, de maladie ou d'invalidité. Comme je le mentionnais plus tôt, *un bon plan contient toujours un plan B.*

Prenez quelques minutes pour réfléchir à votre plan B. Consultez un professionnel qui pourra vous guider. Lorsque vous aurez tout réglé... plus besoin d'y penser!

Il y a tellement de genres d'assurance qu'on risque de s'y perdre. Pour vous aider à vous y retrouver, je vous offre ici un petit résumé.

▶ *Assurance vie*

L'assurance vie vous couvre en cas de décès. La compagnie d'assurances verse une somme forfaitaire aux bénéficiaires lors du décès d'une personne assurée. Les bénéficiaires sont les personnes qui ont été nommées pour hériter du montant. Par exemple, si Alice avait une assurance vie de 10 000$ et qu'elle a nommé son fils Robert comme bénéficiaire, lors du décès d'Alice, Robert recevra un chèque d'une valeur de 10 000$, tel que stipulé dans le contrat. Il existe différents types d'assurance vie, soit l'assurance permanente, universelle et temporaire.

Afin de connaître les différentes caractéristiques des assurances, vous pouvez consulter un professionnel dûment autorisé. Vous pouvez également consulter la documentation produite par l'Autorité des marchés financiers[8].

---

8. www.lautorite.qc.ca.

▶ *Assurance invalidité*

Plusieurs connaissent l'assurance invalidité intégrée à l'assurance collective détenue avec un employeur. Que vous soyez protégé avec votre employeur ou encore par un contrat personnel, l'assurance invalidité protège votre salaire. Vous vous cassez la jambe et vous ne pouvez plus travailler? Vous êtes en *burnout* et en arrêt de travail pour quelques mois? C'est l'assurance invalidité qui viendra compenser votre perte de revenu. Cette assurance est basée sur votre salaire gagné et sera payable mensuellement et non en montant forfaitaire. Il y aura un délai de carence (le temps à écouler avant que vous puissiez recevoir les montants), un montant de prestations (le montant que vous recevrez à tous les mois, par exemple) et une durée des prestations (le temps maximum où vous pouvez recevoir les prestations, soit un an, deux ans, cinq ans, jusqu'à soixante-cinq ans, etc.). C'est cette assurance qui vous permet d'assurer, en cas de bris mécanique, votre machine à imprimer des billets de 100$!

▶ *Assurance maladie grave*

De plus en plus connue, l'assurance maladie grave paie, de votre vivant, un montant forfaitaire à la suite d'un diagnostic de maladie grave (cancer, crise cardiaque ou autre). Votre contrat précise dans quelle circonstance un paiement sera effectué (maladies couvertes et délai de carence). Par exemple, Elliot a fait une crise cardiaque et il a survécu. Tel que prévu à son contrat, trente jours plus tard, sa compagnie d'assurances lui verse un montant de 25 000$. Ce montant pourra être utilisé à sa discrétion.

▸ *Assurance soins de longue durée*

Cette dernière est méconnue et assez récente sur le marché. Son apparition s'explique par le vieillissement de la population et le besoin grandissant d'hébergement avec des soins spécifiques. C'est une assurance qui alloue un montant mensuel lorsque vous n'êtes plus capable d'effectuer certaines tâches quotidiennes. Vous pouvez ainsi affecter ce montant vers de l'aide à domicile, par exemple, ou encore payer pour un établissement adapté à votre situation. On remarque un engouement grandissant vers ce type d'assurance, probablement par crainte de manquer un jour d'aide et de ressources.

Assurance hypothécaire, assurance carte de crédit, assurance cancer et autres sont tous des produits dérivés. On verse au détenteur, en cas de décès, d'invalidité ou de diagnostic de maladie grave, le montant prévu au contrat. Par exemple, une assurance hypothécaire couvrira le montant de l'hypothèque restante.

Il existe une panoplie d'assurances. De quoi s'étourdir, j'en conviens! Il importe donc de bâtir une relation de confiance avec un ou des professionnels qui pourront vous aider et vous guider dans cette aventure.

▸ *Êtes-vous sur-assuré?*

Vous entendez beaucoup parler d'assurances. Assurance habitation, assurance auto, assurance vie, assurance invalidité, assurance maladie grave, assurance cancer, assurance carte de crédit, assurance hypothécaire, alouette, ah!... et j'en passe. Ce ne sont pas les produits qui manquent ni les occasions de s'assurer. Il m'arrive de constater que certains de mes clients sont sur-assurés. Qu'est-ce que la *sur-assurance*?

Afin de déterminer vos besoins en assurances, une analyse de vos besoins financiers doit être faite. Par exemple, votre analyse des besoins en cas de décès prend en considération vos derniers frais (frais funéraires, frais de notaire, impôts du défunt, autres...), votre endettement, votre salaire, les prestations gouvernementales, vos assurances existantes et, surtout, vos dernières volontés à votre décès. Par exemple, vous aimeriez peut-être que votre conjoint et les enfants maintiennent leur niveau de vie pendant au moins dix ans après votre décès. Ce qui implique qu'il faut pallier à votre salaire pendant ce temps. Vous aimeriez laisser 20 000$ par enfant pour leur fonds d'études? Ou encore, vous ne souhaitez que payer vos dettes? Ce sont là toutes les questions et réponses qui constitueront votre analyse des besoins en cas de décès. L'analyse des besoins conclura sur un montant total d'assurance nécessaire afin de respecter vos dernières volontés.

Être *sur-assuré* signifie que votre succession aura plus que ce dont elle aurait besoin. Personne ne se plaint d'en avoir trop mais, de votre vivant, en payez-vous trop?

Vous pourriez économiser en prenant le temps d'évaluer vos besoins réels en matière d'assurance. En regroupant vos protections d'assurance, vous pourriez peut-être bénéficier d'une très bonne couverture à moindre coût.

Attention! *Il faut être très prudent avant d'annuler une assurance existante, quelle qu'elle soit.* Certaines offrent des garanties qui ne sont plus disponibles sur le marché. Agissez avec prudence et diligence. Si vous hésitez, demandez un deuxième avis!

▸ Cinquième étape
Parlons d'avenir !

Vous voici à l'étape de la reconstruction de votre autonomie financière et de la préparation de votre avenir.

Élaborez un tableau de stratégie de remboursement de dettes en considérant ce qui suit:

- Y a-t-il des améliorations possibles?
- Quelles sont mes priorités de paiement (A, B ou C)?
- Quel montant mensuel puis-je allouer au remboursement de mes dettes?

Ouvrez votre esprit à la nécessité, à l'importance et à la gratification de vous constituer un coussin de sécurité!

Épargnez pour l'avenir en orientant vos actions vers vos objectifs. Comment? Référez-vous à la stratégie de l'écureuil et la règle du 10%.

Prévoyez l'imprévisible en vous munissant d'une protection contre les intempéries de la vie.

Chapitre 8

Sixième et dernière étape: le courage de la persévérance

*J'*en suis presque à la finale. À l'image du marathonien, vous arrivez près de la ligne d'arrivée essoufflé, fatigué et... probablement très satisfait! À travers les étapes, vous avez révolutionné votre façon de penser, votre façon de dépenser. Vous avez maintenant un regard différent sur le monde de la surconsommation. Vous avez appris à vous questionner sur la pertinence de dépenses qui vous semblaient si nécessaires auparavant.

Vous devez maintenant avoir le courage de persévérer et de vous améliorer. Tel un marathonien, vous vous demandez si vous avez encore la force d'y arriver, si vous devriez vous arrêter avant le fil d'arrivée. Rarement a-t-on vu un marathonien arrêter si près du but. Pas à pas, vous trouvez l'énergie et la motivation qu'il vous faut pour atteindre votre but ultime: l'autonomie financière. Rappelez-vous cette nausée à la vue de vos dettes, rappelez-vous les nuits blanches passées à angoisser. C'est cette même motivation, ce sentiment d'inconfort, qui vous poussera vers l'action et vous mènera à bon port.

La sixième et dernière étape consiste à avoir le courage de regarder ce qui a été accompli, d'analyser vos forces et faiblesses, et d'avoir le courage de rectifier et d'améliorer le tir. Comment?

Il faut repasser les étapes une à une...

Prêt? Sortez un crayon!

Retour en arrière

Vous trouverez ci-dessous un tableau à compléter, qui vous permettra de faire une analyse du chemin accompli et de réaliser où vous avez fait fausse route. Vous pourrez vous y référer à plusieurs reprises afin de toujours vous remettre sur la bonne voie.

Dans la section «Où en suis-je?», vous trouverez des objectifs qui vous ont été proposés tout au long de ce guide. Vous devrez répondre si, oui ou non, vous les avez atteints. Ensuite, dans les notes, vous pourrez inscrire toutes les informations pertinentes qui vous viendront à l'esprit. Par exemple, vous pourriez noter les fois où vous vous êtes laissé aller à la dépense lorsque ce n'était pas absolument nécessaire. L'objectif est de vous offrir une occasion de réfléchir sur vos accomplissements et de voir où vous pourriez vous améliorer.

Date de début du redressement financier: ________________

Date d'aujourd'hui: ____________________________________

Où en suis-je? À compléter	Répondez oui ou non	Notes
PREMIÈRE ÉTAPE		
J'ai accepté de vivre en mode grande récession.		
Je me demande, avant chaque dépense, si elle est absolument nécessaire.		
J'accepte de laisser des items à la caisse s'ils ne sont pas absolument nécessaires.		
J'ai apposé un collant «rappel» sur mes cartes de crédit et de débit.		
J'ai fait l'évaluation de mes dépenses mensuelles récurrentes.		
J'ai fait une révision de mes taux d'intérêt.		
J'ai cessé de me justifier afin de me convaincre de faire une dépense.		
J'ai choisi un mentor.		
J'ai choisi un mode de paiement et je n'en déroge pas.		
J'ai fait la liste de mes dettes et je les ai priorisées.		
Je me suis constitué un coussin de sécurité.		
J'épargne pour mon avenir: projets et retraite.		
J'ai évalué mes besoins en matière d'assurances afin de protéger mon salaire et mes actifs.		

Il y a sûrement des objectifs que vous respectiez au départ mais qui, avec le temps, se sont effrités. Vous vous êtes relâché un peu sur certains éléments. Saisissez la chance de vous reprendre! Persévérez! Plus vous maintiendrez vos habitudes longtemps, plus elles deviendront partie prenante de votre quotidien. Le tableau se veut un rappel générique de ce que vous accomplissez au jour le jour et de ce que vous pouvez améliorer.

Évaluation complétée? Passez à l'action!

Vous ne réussissez pas du premier coup? Et alors? Personne n'atteint la perfection, un point c'est tout! Recommencez! Il n'y a aucun mal à cela. Imaginez un peu si vous vous étiez découragé la première fois où vous êtes tombé en essayant d'apprendre à marcher? Vous avez persévéré, car il s'agissait d'un instinct de survie. Faites de même avec vos finances. C'est votre survie financière qui en dépend.

Le tableau vous a permis de visualiser vos points forts et vos points faibles. Vous pouvez souligner en bleu vos points forts et en jaune vos points à retravailler.

▶ *Les points forts*

Il est généralement plus facile de travailler sur ses forces que sur ses faiblesses. Alors allez-y! Perfectionnez vos forces. Vous en serez d'autant plus motivé.

▶ *Les points faibles*

Ils font partie de votre succès. Vous devez leur porter une attention particulière. Maintenant que vous les avez sous les yeux, prenez-en un à la fois et attaquez-le! Comment? Simplement en trouvant une ou deux façons de résoudre votre problème. Par exemple, vous ne pouvez vous retenir d'acheter des fromages fins lorsque vous allez à la fromagerie? N'y allez plus. Ou, encore, si vous devez vous procurer un article en particulier, envoyez votre conjoint. C'est ce que j'appelle *se protéger contre soi-même*! Prenez un défi à la fois. Une faiblesse à la fois. Trouvez des moyens de contournement et essayez de les appliquer. Lorsque vous aurez réussi, vous vous attaquerez à un autre. Et ainsi de suite…

À tous les six mois environ, revenez à votre tableau «Où en suis-je» et révisez votre situation. Vous remarquerez rapidement votre évolution!

Lorsque le gouffre devient inévitable…

Il se peut que, malgré tous vos efforts et votre volonté, le gouffre financier soit inévitable. Vous dépensez encore plus que ce que vous gagnez, vous n'arrivez plus à faire vos paiements, vos créanciers vous harcèlent et vous ne dormez plus. Si telle est votre situation, vous devez vous résigner: cette méthode ne sera pas suffisante.

Lorsque votre situation financière dérape réellement, l'élaboration d'un budget devient une nécessité. Vous ne pourrez plus continuer sans vous astreindre à un carcan très serré.

Il existe différentes ressources qui pourront vous aider. Une recherche sur Internet vous permettra de trouver des organismes dans votre région qui peuvent vous offrir soutien et outils. Vous devrez peut-être considérer de faire une consolidation de vos dettes, la proposition du consommateur (une alternative à la faillite) ou encore la faillite. Assurez-vous de bien questionner les différents intervenants et de bien comprendre les pour et les contre avant de prendre votre décision finale. Comme vous devrez vivre avec votre décision pendant des années, prenez le temps d'y réfléchir.

Lorsque vous aurez rétabli votre situation, reprenez le livre. Vous y trouverez sûrement des outils qui vous aideront à ne pas vous mettre dans le pétrin une deuxième fois!

▸ SIXIÈME ÉTAPE
LE COURAGE DE LA PERSÉVÉRANCE

Vous devez regarder ce qui a été accompli, analyser vos forces et faiblesses et avoir le courage de rectifier et d'améliorer le tir.

Élaborez votre tableau «Où en suis-je?»

Portez une réflexion sur vos points forts et vos points faibles.

Si votre situation financière dérape réellement, l'élaboration d'un budget devient une nécessité. Vous ne pourrez plus continuer sans vous astreindre à un carcan serré.

Chapitre 9

Et la suite ? Les modes dans le temps...

Ça y est! Vous connaissez maintenant la recette et les secrets de ce guide. Pas si sorcier, n'est-ce pas? Mais qu'en est-il de la suite?

Vous vous êtes imposé un mode grande récession. Avec un resserrement de vos dépenses, une meilleure gestion de vos dettes et une discipline de placement, vous avez amorcé une transition importante dans votre façon de vivre et de dépenser. Tout le monde s'entend là-dessus, le mode grande récession, c'est astreignant. Il est agréable de vivre et de pouvoir profiter de la vie, n'est-ce pas? Quand peut-on espérer quitter le mode grande récession pour un autre mode?

Savoir reconnaître l'équilibre financier

Le mode grande récession restera votre mode de secours en cas de dérapage. Il ne faut pas l'oublier. Par contre, vos efforts porteront fruit et vous atteindrez un jour ce que j'appelle *l'équilibre financier.*

L'équilibre financier est atteint lorsque vos dépenses (incluant votre discipline d'épargne et remboursement de dettes) sont égales ou inférieures à vos revenus.

Vous gagnez 2$ et vous en dépensez 1,50$? Vous êtes en équilibre financier. Vos dépenses ne surpassent pas vos revenus. Bravo!

Lorsque vous atteindrez l'équilibre financier, vous pourrez considérer vous diriger vers un mode plus permissif, soit le mode restriction budgétaire ou encore le mode standard. Vous l'avez peut-être même déjà amorcé. Attention aux dérapages! Ils sont beaucoup plus faciles à faire qu'à redresser.

Selon vos surplus et votre situation, vous pourrez naviguer entre le mode standard et le mode restriction. Telles des montagnes russes, plus vous irez vers le haut (en dépenses), plus vous devrez descendre vers le bas (en termes de liquidités nettes). C'est une équation inévitable. Éventuellement, l'objectif est d'atteindre l'équilibre, soit un style de vie qui vous permet quelques extras sans toutefois devoir les regretter en les remboursant pendant plusieurs mois...

Le grand défi, lorsqu'on amorce le mode standard et/ou restriction, c'est de savoir quand il faut se résoudre à retomber en grande récession.

Voici les signes qui devraient vous motiver à revenir en grande récession, même si ce n'est que pour quelques semaines:

- Vous avez une légère impression de perdre le contrôle sur vos dépenses.
    - Carmelle utilise, une fois de plus, sa carte de crédit. Cette fois, un léger doute la submerge. Elle ne connaît pas son solde et commence à douter de la pertinence de ses derniers achats. Aurait-elle exagéré?

La prudence lui imposera, à l'instant même, l'image du mode grande récession. Elle doit attendre, remettre sa carte dans sa poche et vérifier l'état réel de son compte et de ses finances AVANT d'acheter.

- Vous vous approchez d'une période de l'année qui amène plus de dépenses.
  - C'est le mois de novembre et vous commencez à penser à la période des fêtes. Un mode grande récession durant quelques semaines vous permettra de placer un peu plus d'argent de côté en prévision de Noël. Vous aurez peut-être la même réaction à la venue des vacances, qui sont suivies par la rentrée scolaire. Ne sous-estimez pas les coûts de la rentrée. Ils peuvent être de plusieurs centaines de dollars!
- Vous prévoyez une sortie d'argent importante.
  - Ça y est! Votre amour vous a fait la grande demande. Vous allez vous marier l'été prochain. Les mariages sont très romantiques... et très coûteux! Vous dépenserez des milliers de dollars au nom de l'amour. Il n'est pas rare de voir un couple se marier et, malheureusement, faire faillite quelques années plus tard. Mieux vaut prévoir le coup et amorcer le mode grande récession qui non seulement permettra de mettre de l'argent de côté en vue de l'événement, mais ralentira sûrement aussi votre enthousiasme à dépenser pour cette fameuse journée.
  - L'achat d'une maison fait aussi partie de cette catégorie. Vous devrez non seulement mettre une mise de fonds, mais aussi avoir certaines liquidités disponibles pour absorber les frais de notaire, les taxes, le déménagement, les réparations, les menus travaux, etc.

- Un imprévu coûteux se présente.
  - Après plusieurs mois d'efforts et de compromis, Audrey a finalement atteint l'équilibre financier. Elle considérait se diriger vers un mode plus permissif. Soudain, c'est la dégringolade. À la suite d'une pluie diluvienne, elle réalise que sa toiture coule. Quelques centaines de dollars plus tard, la fuite est réparée, mais elle sait pertinemment qu'elle devra bientôt faire refaire sa toiture vétuste... Elle devra se résoudre à rester en mode grande récession afin d'accumuler une somme suffisante pour une nouvelle toiture.
- Votre situation personnelle change (la naissance d'un enfant, une séparation, la maladie ou autre).
  - La vie est remplie de surprises et de changements, que ceux-ci soient prévus ou non. Un changement de situation amène généralement son lot de bonheur, de soucis et de dépenses. Que ce soit la naissance d'un enfant, une séparation, un déménagement, l'apparition d'une maladie dans votre famille, etc. Lorsque votre situation change, vous devez faire preuve de prudence et tenter d'analyser ces changements, de même que prévoir les conséquences financières que cela pourrait entrainer. Il serait donc de mise de prioriser un mode grande récession jusqu'à ce que la poussière retombe.

Le jeu du yoyo

Savoir reconnaître les signes afin de retourner en mode grande récession est un art. Savoir quand quitter le mode grande récession l'est aussi. Chaque personne déterminera ce qui sera optimal selon sa situation. En théorie, lorsque vous avez atteint l'équilibre budgétaire, vous pouvez penser à revenir vers une plus grande liberté dans vos dépenses. Vous jouerez ainsi au yoyo à travers le temps. L'important est de pouvoir passer d'un mode à l'autre sans trop attendre. Certains iront même jusqu'à passer de l'un à l'autre selon la semaine. Semaine de paie? Mode standard! Semaine sans paie? Mode récession! Bien que je ne privilégie pas cette méthode, vous vous retrouverez sûrement dans cette situation à un moment ou l'autre. Il sera de votre devoir de juger ce qui est optimal pour vous, ce qui est le plus viable à long terme.

Chapitre 10

Mythes et réalités

Vous êtes confronté à différents mythes et réalités. Afin d'y voir plus clair, démystifions-en quelques-uns.

Une aubaine n'est pas une aubaine si vous n'aviez pas acheté l'item au prix courant!

Ah! l'attrait des aubaines! Difficile de sortir du magasin sans passer devant l'étalage de la marchandise en liquidation. Et si vous trouviez quelque chose d'intéressant? Vous pourriez économiser beaucoup... ***Mythe!***

RÉALITÉ:

Une aubaine n'est pas une aubaine si vous n'aviez pas acheté l'item au prix courant!

Des centaines de gens se sont ruinés en chassant les aubaines. La vraie question que l'on doit se poser est la suivante: est-ce une réelle économie? Auriez-vous acheté l'item s'il avait été au prix courant? Si la réponse est non, il ne s'agit pas d'une économie mais bien d'une dépense supplémentaire!

L'item en liquidation est très intéressant mais, fort probablement, vous n'auriez pas fait la dépense s'il avait été au prix courant. C'est d'ailleurs la raison pour laquelle il est en liquidation: les marchands veulent inciter les consommateurs à acheter, alors que ceux-ci ne l'auraient pas fait autrement. Ce qui signifie, au bout du compte, que vous n'avez *pas économisé* mais bien *dépensé* pour quelque chose de discrétionnaire.

Doit-on à tout prix éviter les aubaines et les liquidations? Non, mais soyez prudent. Si vous passez rapidement devant l'étalage de la marchandise en liquidation et ne voyez rien qui vous accroche l'œil, continuez votre chemin. C'est souvent lorsqu'on s'y attarde qu'on trouve finalement quelque chose *qui pourrait peut-être faire l'affaire*... Ce qui n'est sûrement pas dans votre liste de « l'absolument nécessaire »!

Si, au contraire, vous passez devant l'étalage et voyez un item à rabais et pour lequel vous payez habituellement le plein prix, cela vaut la peine de vous arrêter et d'évaluer la pertinence d'en faire l'achat.

▶ *Petite anecdote...*

Alors que j'avais deux bébés, respectivement âgés de six mois et deux ans, j'ai aperçu un rabais extraordinaire sur les couches jetables. J'étais si enthousiaste que j'en ai acheté plusieurs boîtes. Malheureusement, je me suis un peu trop emballée. Rapidement, mon plus jeune a grandi et le format de ses couches aussi. Je me suis retrouvée avec deux boîtes de couches trop petites que j'ai finalement dû me résoudre à remettre à une œuvre de charité. Considérant l'argent perdu pour les couches trop petites, le temps et l'entreposage de ces immenses boîtes, je n'étais plus aussi sûre d'avoir fait une super économie!

Un dollar n'équivaut pas seulement à un seul dollar

Un de mes garçons me dit souvent: «Mais, maman, ça ne coûte que 1$!» À l'entendre, je suis la pire des mères de lui refuser ce petit plaisir. Et souvent... je cède à son caprice car il n'a pas tort, il ne s'agit que d'un tout petit dollar. ***Mythe!***

RÉALITÉ:
Un dollar vaut beaucoup plus que un dollar. Car lorsqu'on ne lui accorde aucune importance, il devient rapidement des dizaines de dollars!

Cela vous étonne-t-il? Laissez-moi vous expliquer. Rappelez-vous la dernière fois que vous êtes allé dans un magasin à un dollar. Vous aviez comme objectif d'acheter des piles AA. Vous en êtes ressorti, avec quinze items dans votre panier et une facture de près de 20$. Ces items étaient-ils tous nécessaires? Non! Mais ils étaient juste un dollar! Ça valait la peine! En ne regardant que le petit montant, vous vous êtes octroyé une dépense de 20$. Maintenant, reprenez le même panier et demandez-vous si cela valait la peine de dépenser ce 20$ pour le lot. L'auriez-vous déboursé si on vous avait offert d'acheter le lot tel quel? Peut-être pas... En regardant le lot offert, vous auriez tout de suite identifié les items qui étaient superflus et vous auriez eu plus de réticence à dépenser autant. En le calculant à la pièce plutôt qu'en lot, vous avez réduit l'importance et la valeur de l'achat effectué.

Cela vous surprend? Regardez autour de vous. De plus en plus de compagnies utilisent cette technique. Par exemple, lors d'une levée de fonds, vous avez sûrement entendu: «Pour aussi peu que un dollar par jour, vous pouvez faire une différence énorme dans la vie d'une personne souffrant de (....)» *Aussi peu que un dollar par jour.* À bien y penser, il n'y a rien là! Mais si on vous avait dit: «Pour aussi peu que 30$ par mois, vous pourriez....» Ou encore: «Pour aussi peu que 350$ par année, vous pourriez...» Auriez-vous eu la même réaction? Il s'agit pourtant du même montant. Du même dollar par jour. En le reportant en mois ou en année, vous avez pris conscience de l'ampleur du montant. Loin de moi l'idée de ne pas vous inciter à faire ou non des dons. Je crois sincèrement que tous devraient contribuer. Mais l'exemple est éloquent sur la force du dollar ou, du moins, sur le peu de valeur qu'on tend à lui accorder.

Vous êtes-vous déjà demandé quel a été l'impact lorsque le gouvernement a décidé de remplacer le billet de 1$ par une pièce de monnaie? Cela a-t-il eu un effet sur vos habitudes de consommation? Eh oui! Par la force des choses, cela a minimisé l'impact et l'importance d'un pauvre petit dollar en le ramenant à une simple petite pièce de monnaie.

Alors cessez dès aujourd'hui de penser que un dollar ne vaut que un dollar. Il vaut beaucoup plus! Chaque cent compte. Car c'est avec des pièces de un dollar qu'on fait des dizaines et des centaines de dollars. Combien de centaines en avez-vous dépensé cette année à coups de un dollar par-ci pour un café, un dollar par-là pour une bébelle qui a abouti au recyclage? Redonnez un peu de valeur à votre pauvre petit dollar. Car n'oubliez pas que votre dollar peut rapidement en valoir des milliers!

Vos parents se sont organisés, vous aussi vous y arriverez

Rien ne sert de vous inquiéter outre mesure. Regardez autour de vous... vos parents se sont organisés, vous aussi vous devriez y arriver. ***Mythe!***

RÉALITÉ :
Ce n'est pas parce que vos parents se sont organisés qu'il en sera de même pour vous!

Vos parents ont vécu à une époque bien différente. Ils avaient une vision tout autre de l'épargne et des dépenses. Et surtout, l'accès à l'endettement était beaucoup plus restreint. Autrefois, l'hypothèque de la maison s'étalait sur une période de vingt à vingt-cinq ans seulement et le concept de refinancement était inexistant. Les portefeuilles ne contenaient pas plusieurs cartes de crédit.

Voici ce qui vous différencie beaucoup de vos parents:

- Il y avait beaucoup plus de régimes de retraite viagers offerts par les employeurs. En effet, de leur temps, il n'était pas rare pour vos parents de recevoir leur pension de retraite à vie, sans considération pour les rendements ou l'économie. Ces régimes plus que généreux sont aujourd'hui quasi inexistants.
- Votre espérance de vie est plus grande que celle de vos aînés. Actuellement, il n'est plus complètement farfelu

de penser que l'on peut passer autant de temps à la retraite que sur le marché du travail. Imaginez les économies nécessaires pour subvenir à vos besoins de base toutes ces années!

- Vos parents priorisaient beaucoup plus l'épargne. Il était essentiel, dans un budget, d'épargner. La raison est simple, ils n'avaient pas le même accès au crédit. Pour partir en voyage, il fallait épargner. Pour acheter une maison, il fallait une mise de fonds. Pour se procurer des meubles, il fallait payer comptant. L'épargne était partie prenante du budget, car sans argent de côté, impossible d'acheter!
- L'accès au crédit était beaucoup plus restreint. Vos parents n'avaient pas cinq cartes de crédit dans leur portefeuille. Ils n'avaient pas de marge de crédit hypothécaire et le refinancement d'une maison était l'exception plutôt que la règle. Il était inconcevable d'amorcer une retraite avec une hypothèque à payer. La vision du crédit et l'accès au crédit étaient très différents de ce que l'on connaît aujourd'hui. Autre génération, autres mœurs.
- Vos parents ne vivaient pas dans une société de surconsommation, bombardés de publicité et subissant la pression sociale de l'abondance à tout prix. Il n'y a qu'à comparer le nombre de cadeaux que je recevais enfant et le nombre de cadeaux que reçoivent mes enfants aujourd'hui pour comprendre le fossé qui existe entre les générations. Il n'est pas rare présentement de voir des enfants de moins de dix ans posséder leur propre tablette électronique, d'une valeur de quelques centaines de dollars. Cela aurait été tout à fait impensable pour la classe moyenne il y a de cela trente ans.

Ce sont ces grandes différences qui vous obligent à vous prendre en main et à ne pas vous réconforter en vous disant que, si vos parents ont réussi, vous le pourrez aussi. Oui, vous le pouvez. Mais vous devrez orienter vos actions en conséquence!

Si je gagne plus, je vais en avoir plus

Plusieurs d'entre vous concentrent leurs efforts à augmenter leur revenu plutôt qu'à réduire leurs dépenses. En théorie, si je gagne plus, je vais en avoir plus... ***Mythe et réalité!***

Réalité :
L'important, ce n'est pas ce qu'on gagne mais ce qu'on dépense!

Il est vrai qu'une famille gagnant 30 000 $ ne pourra se permettre le même style de vie qu'une famille en gagnant 130 000$, j'en conviens. Mais qu'importe ce que vous gagnez, si vous dépensez toujours un dollar de plus que votre revenu, vous serez toujours déficitaire.

J'irais même un peu plus loin dans ma réflexion. Il n'est pas rare de rencontrer des couples qui gagnent un revenu familial de 150 000 à 200 000$ et qui dépensent chaque dollar gagné. Ils n'épargnent que très peu. Ce couple vivra un choc beaucoup plus grand qu'une famille à revenu modeste lorsque sera venu le temps de la retraite. Pourquoi? Parce que s'ils sont incapables de planifier leur retraite et qu'ils se sont habitués à vivre selon un rythme de vie de 150 000$

durant trente ans, voire quarante ans de leur vie, comment survivront-ils lorsqu'ils ne disposeront que des pensions gouvernementales et qu'ils se retrouveront, du jour au lendemain, sous le seuil de la pauvreté? Utilisent-ils leur revenu pour capitaliser ou dépensent-ils sur des produits de consommation qui n'auront plus aucune valeur avec le temps? Il ne faut pas négliger que ce même couple possède une capacité d'endettement beaucoup plus grande. Comment pourront-ils payer leurs dettes lorsque leur revenu chutera de plusieurs dizaines de milliers de dollars? Il ne sert à rien de chercher à gagner plus si ce n'est que pour dépenser plus.

Au contraire, j'ai rencontré à plusieurs reprises des familles vivant très modestement. À travers une série de petites actions, ils réussissent au jour le jour à assurer leur pérennité financière à moyen et long termes. Ce sont eux qui y gagneront le plus, car la différence entre leur revenu sur le marché du travail et celui reçu grâce aux prestations de retraite gouvernementales combinée à leurs épargnes sera presque nulle. Ils pourront donc garder leur rythme de vie sans aucun problème.

Vous pouvez donc courir de contrat en contrat, d'emploi en emploi afin de chercher votre filon d'or. Croyez-moi, rien ne sert de faire bien des kilomètres. Concentrez-vous sur ce qui se présente à vous aujourd'hui: l'opportunité de mieux contrôler vos dépenses et de commencer à bâtir dès aujourd'hui votre autonomie financière. Lorsque vous deviendrez maître sur ce sujet, il n'en sera que plus facile de trouver un emploi encore plus rémunérateur qui vous permettra, non pas de dépenser et vous endetter plus, mais bien de contrôler vos finances plus aisément!

Le secret? Dépensez toujours un peu moins que ce que vous gagnez. Un concept de nos jours très difficile à instaurer....

Je suis jeune, j'ai amplement le temps d'épargner

Il est difficile de parler de retraite à un jeune de vingt ans. Il a la vie devant lui! Pourquoi se préoccuper de son avenir dans quarante ou quarante-cinq ans alors qu'on ne sait pas si on sera toujours vivant! De toute façon, les jeunes ont amplement le temps d'épargner. ***Mythe et réalité!***

RÉALITÉ :

Plus vous épargnez jeune, plus vous disposez de temps devant vous et plus grande sera la valeur de votre investissement initial.

Le temps est l'une des notions les plus importantes lorsqu'on parle de placement. En placement, on discute généralement de risque et de temps. Plus vous disposez de temps avant la retraite, plus vous pouvez prendre un certain risque et ainsi bonifier exponentiellement votre montant investi. Que vaudra votre dollar placé présentement dans dix ans versus dans quarante ans?

Prenons l'exemple de Lennox et de Sidney. Lennox, vingt ans, décide d'investir 1000$ par année. Il le fera pendant dix ans. Sidney, quant à lui, dépose un montant de 10 000$ à l'âge de quarante ans. Il investira par la suite 1000$ par année jusqu'à sa retraite à soixante-cinq ans. Lennox aura investi au total 10 000$, Sidney aura investi 35 000$. Quel montant sera disponible pour leur retraite?

Si vous prenez en considération qu'ils ont investi dans un portefeuille équilibré et qu'ils ont eu un rendement annuel moyen de 5%, Lennox disposera de 89 850$ à l'âge de soixante-cinq ans alors que Sidney disposera de 81 591$.

Cet exemple est très éloquent sur l'importance d'investir le plus tôt possible en vue de la retraite. Votre revenu n'en sera que plus grand!

Comme vous n'avez pas commencé tôt, devriez-vous jeter la serviette pour autant? Bien sûr que non. L'important est d'établir votre discipline de placement le plus rapidement possible, peu importe votre âge. De cette façon, vous ne pourrez qu'améliorer votre situation.

On ne peut se fier à un héritage comme plan financier

Depuis des siècles et des siècles, vous assistez à ce qu'on appelle la préservation et la passation du patrimoine de génération en génération. Vos aînés ont travaillé fort de leur vivant et vous légueront le fruit de leur labeur, ou du moins une partie, afin que vous puissiez continuer dans la même lignée. C'est cette tradition bien ancrée dans vos mœurs qui vous fait maintenant croire que vous n'avez pas à vous inquiéter, car vous allez hériter. ***Mythe et réalité!***

RÉALITÉ :

Les héritages font encore partie de vos options pour la conservation du patrimoine, mais il n'est plus vrai que vous pouvez vous y fier.

Ne pensez pas que cela implique que vos parents vous aiment moins que leurs parents les aimaient. Au contraire. Les mentalités changent au fil des générations. Vous n'offrez plus la dot de mariage comme vous l'offraient vos ancêtres. Et vos parents ont décidé de vous gâter de leur vivant plutôt que de vous enrichir à leur mort…

Certains décideront plutôt de faire hériter leurs petits-enfants. Pourquoi ce changement de tradition? C'est principalement dû à l'espérance de vie toujours grandissante. Avant, vous pouviez compter hériter dans la fleur de l'âge, juste à temps pour votre retraite. Aujourd'hui, il en est tout autrement. Il n'est plus rare de voir vos parents quitter ce monde alors que vous avez atteint un âge plus que respectable, tel que soixante-dix ans… Comme quoi l'héritage comme fonds de retraite n'est plus du tout une valeur sûre. Et, dans la même ligne d'idée, c'est ce qui incite vos parents à faire hériter leurs petits-enfants. Ce sont vos enfants qui, dans la fleur de l'âge lorsque leurs grands-parents mourront, pourront bénéficier le plus de ce legs particulier. Imaginez un instant l'impact d'un legs de 50 000$ à un adulte de soixante-cinq ans, voire soixante-dix, versus l'impact que pourrait avoir ce même héritage sur la situation financière d'un adulte de trente-cinq ou quarante ans (un adulte responsable, bien entendu!).

Victor a quatre-vingt-cinq ans. Ses jours sont comptés. Son fils de soixante-cinq ans, Rodolphe, est maintenant retraité et possède une petite pension qui lui permet de vivre. Aïcha, sa petite-fille de trente-cinq ans, vient de se marier et pense acheter une première maison. Victor possède une police d'assurance vie de 25 000$. Il a toujours nommé son fils Rodolphe comme bénéficiaire mais aujourd'hui il n'est plus certain de la pertinence de son choix. Et s'il faisait hériter sa petite-fille? Cela pourrait lui donner la mise de fonds nécessaire pour sa première maison. Un vrai coup de main qui lui servira jusqu'à la fin de ses jours... Victor décide, tout à coup, de changer le bénéficiaire de son assurance vie.

L'espérance de vie étant beaucoup plus grande, il est aussi possible que vos parents épuisent toutes leurs ressources financières de leur vivant. Combien en coûte-t-il pour recevoir des services et habiter une résidence pour personnes semi-autonomes ou non autonomes? En l'espace de quelques années, lorsque la santé vous quitte, il n'est pas rare de voir s'effriter les économies de toute une vie.

N'oubliez pas qu'un testament ou un bénéficiaire peuvent être changés rapidement et facilement. S'il advenait une chicane avec vos parents? Si votre père septuagénaire décidait de se marier avec une «jeune» de vingt ans sa cadette? À moins que vous ne déteniez vous-même une police d'assurance vie sur la tête de vos parents, rien n'assure la passation du patrimoine de vos parents à vous. C'est pourquoi, bien que l'héritage fasse encore partie des moyens de préserver le patrimoine, on ne peut s'y fier. Une raison de plus de prendre votre prospérité financière en main!

Les coupons et les circulaires: attention, ils peuvent coûter cher!

Mercredi, jour du Publi-sac, café à la main, j'épluche les circulaires. Beaucoup de Québécois s'adonnent au même passe-temps que moi: la course aux aubaines. Les coupons et circulaires vous permettent de connaître les spéciaux de la semaine. Vous êtes persuadé qu'à suivre de la sorte les aubaines, vous économisez des dizaines de dollars. ***Mythe!***

RÉALITÉ :

Les coupons et les circulaires peuvent finir par vous coûter très cher…

Tout est question de marketing. Il existe une raison pour laquelle les détaillants dépensent des milliers de dollars chaque semaine afin de promouvoir leurs spéciaux. Ils veulent créer de l'achalandage. Et cet achalandage provoque des entrées d'argent. Certains commerçants vont même jusqu'à offrir des items à perte afin de s'assurer que les clients entrent chez eux. Il est donc bénéfique de profiter de ces aubaines, mais attention! Il y a toutefois deux pièges à éviter en tout temps, soit le piège de la tentation et le piège du kilométrage.

▶ *Le piège de la tentation*

En regardant les circulaires, vous faites ce que j'appelle *du lèche-vitrine à la maison.* Page après page, les spéciaux incitent à la consommation. Hum… c'est vrai que ces souliers sont beaux et en solde en plus. Oui, j'ai besoin de souliers et je devrais profiter de cette occasion! Est-ce que je me serais acheté des souliers n'eût été la circulaire ? Probablement pas. En feuilletant semaine après semaine les circulaires, vous vous donnez le goût de consommer.

Personnellement, j'ai fait le test avec mon mari. Presque chaque semaine, après avoir consulté la circulaire de son magasin préféré, il trouvait une *aubaine à ne pas manquer*. Il avait raison, c'était une bonne affaire. Et il avait toujours une excellente raison de justifier l'achat. À chaque visite, il revenait non pas avec un seul item mais avec quelques autres en plus! Toutes de bonnes affaires qu'il avait aussi vues dans la circulaire.

Un mercredi, j'ai décidé de faire le test. J'ai mis les circulaires directement au recyclage en lui disant qu'on s'en passerait pour cette semaine. Et ainsi de suite durant plusieurs semaines. Combien a-t-on dépensé dans son magasin préféré ? Rien. Nous manquait-il quelque chose dans la maison? Non. En éliminant les circulaires, j'avais éliminé aussi plusieurs dépenses qui n'étaient pas nécessaires.

▶ *Le piège du kilométrage*

Situation courante, surtout en ce qui a trait à l'épicerie: votre liste se divise en quatre, soit quatre endroits différents à visiter pour compléter vos emplettes. Si vous résidez dans un secteur où les quatre commerces sont près l'un de l'autre, il n'y a pas de problème. Par contre, avec le prix de l'essence qui atteint un record, il faut maintenant prendre en considération les frais liés aux déplacements pour profiter des aubaines. Cela vaut-il la peine de faire quinze kilomètres pour sauver 1$ sur un item? Posez-vous la question et évaluez la pertinence de planifier vos achats dans plusieurs magasins. Parfois c'est avantageux, alors que d'autres fois…

Les prestations gouvernementales ne suffiront pas à ma retraite

Au Québec, vous êtes privilégié car vous avez accès à des prestations de retraite de la RRQ (Régie des rentes du Québec). Ces prestations combinées avec les montants que le gouvernement du Canada vous offre suffiront à votre retraite... ***Mythe!***

RÉALITÉ :

Les prestations gouvernementales ne suffiront pas à votre retraite. Si vous ne disposez d'aucune autre économie, vous devrez ajuster votre rythme de vie de façon draconienne et vivrez peut-être même sous le seuil de la pauvreté...

Sous le seuil de la pauvreté... Ce n'est pas peu dire! Il est primordial de connaître quels seront les montants auxquels vous aurez droit. Pour connaître ce montant exactement, vous pouvez visiter le site de la Régie des rentes du Québec. Vous devriez aussi recevoir un relevé à tous les quatre ans. Conservez-le précieusement!

Votre montant de rente de la RRQ sera calculé selon:

- l'âge auquel vous prendrez votre retraite;
- vos revenus de travail (qui ont varié au cours de votre vie);
- le nombre d'années pour lesquelles vous aurez cotisé au régime.

Édouard, quarante-cinq ans, travaille et cotise à la RRQ depuis l'âge de vingt-cinq ans. Ces vingt dernières années, il a gagné en moyenne 35 000$. Il aimerait prendre sa retraite à soixante-sept ans. Il ne dispose d'aucune autre économie. Édouard visite le site Internet de la RRQ (*www.rrq.gouv.qc.ca*) et fait le calcul sur le simulateur des revenus de retraite SimulR[9]. À sa grande surprise, il n'obtiendra pas le revenu souhaité. En effet, selon sa situation, il disposera d'une rente annuelle de la RRQ de 8322$ et recevra un montant de 6599$ de la Sécurité de la vieillesse.

▸ **OBJECTIF DE RETRAITE (70 % DU REVENU ANNUEL)**	**24 500 $**
À partir de 67 ans	
• Régime de rentes du Québec	8 322$
• Sécurité de vieillesse	6 599$*
GRAND TOTAL	14 921$**

* Pour avoir droit au plein montant, vous devez avoir vécu au Canada au moins quarante ans après l'âge de dix-huit ans.

** Le calcul ne tient pas compte des sommes relatives au Supplément de revenu garanti (SRG) et à la récupération de la pension de la Sécurité de la vieillesse (SV).

Il est important de connaître et de comprendre les lois sociales ainsi que le mécanisme des filets sociaux instaurés par vos gouvernements et auxquels vous aurez droit. Pour

9. www.rrq.gouv.qc.ca/fr/planification/simulateur_epargne/Pages/etape1.aspx. Consulté en novembre 2013.

ceux qui ont travaillé à l'étranger, pour les immigrants, ou encore ceux qui ont travaillé au noir, les montants accordés pourraient être amputés considérablement. Votre prestation de la RRQ est «une rente viagère mensuelle égale à 25% de la moyenne mensuelle **des revenus cotisables**[10].» (En 2013, le maximum des revenus cotisables était de 47 600$). Vous devez donc avoir cotisé et déclaré des revenus au Québec pour y avoir droit.

Au Québec et au Canada, vous avez l'opportunité d'avoir accès à ce que j'appelle *des filets de retraite*. Pourquoi des filets? Parce qu'ils ne vous supporteront pas complètement mais vous aideront considérablement. Il est de votre devoir de vous renseigner et de connaître les montants auxquels vous aurez droit, de planifier vos finances afin de combler le manque à gagner pour atteindre votre objectif. De plus, ne perdez jamais de vue que ces programmes ne sont pas immuables et donc que vous ne pouvez pas prévoir avec certitude quels seront les montants alloués au moment de VOTRE retraite.

Les récompenses, un mal nécessaire?

Vous travaillez tous afin d'obtenir une récompense, soit votre salaire. Et, avec ce salaire, vous achetez un mode de vie. Le principe des récompenses est partie prenante de votre quotidien. C'est à un point tel qu'il n'est pas rare de voir des professeurs offrir des récompenses matérielles aux enfants afin de les

10. FERLAND, Michel. *Miniguide 2013 de l'assurance et des rentes collectives au Québec.* Éditions MFC, 20e édition spéciale de la collection «Guide évolutif», 1er trimestre 2013.

inciter à bien performer. Les récompenses sont un mal nécessaire... ***Mythe et réalité!***

RÉALITÉ :

Les récompenses ne sont pas nécessaires à la poursuite d'objectifs mais deviennent tôt ou tard inévitables.

- - - - - - - - - - - - - - - - - - -

Il serait utopique de penser qu'on peut élever des enfants sans jamais leur offrir de récompenses. De même, il serait insensé de considérer un monde où tous travailleraient sans attendre de récompense ou de salaire en retour. Les récompenses sont donc là pour rester. Comment fait-on pour y voir clair?

Vous devez évaluer l'impact de la gratification instantanée. Je m'explique. Une des grandes tendances de la société de consommation est de consommer rapidement. Les enfants veulent un jouet qui ne durera souvent que quelques heures. Et ils le veulent maintenant. Les systèmes de récompense sont souvent basés sur une multitude de petites récompenses sans grand intérêt plutôt que sur l'obtention d'un objectif plus grand. Voilà sur quoi vous devez travailler. Car en apprenant à vos enfants à attendre, à travailler pour atteindre un objectif qui en vaut vraiment la peine, vous leur enseignez quelque chose de très important.

Nombre d'adultes ont de la difficulté à se contrôler afin de ne pas assouvir leur besoin de gratification instantanée. Je le veux maintenant! C'est d'ailleurs ce qui vous pousse à acheter sans réfléchir et à finalement dépenser des sommes considérables et non nécessaires.

Les récompenses sont bonnes et saines. Par contre, essayez de trouver des récompenses significatives. Quelque chose dont vous vous souviendrez encore dans cinq ou même dix ans. Vous verrez rapidement un changement important dans vos habitudes de consommation... et celle de vos tout-petits!

Le temps n'arrange pas les choses mais la volonté peut faire des miracles

Fin du mois, on regarde ses finances, ses entrées d'argent et... il y a un trou. Comme à chaque mois, il en manque juste un petit peu pour arriver. Donc, on en met un peu sur la carte de crédit, en se disant que le temps arrangera les choses. On finit par gagner plus, l'augmentation arrive, le bonus de fin d'année aussi, le prochain mois sera meilleur, etc. Le temps finira par arranger les choses... ***Mythe!***

RÉALITÉ :
Le temps n'arrangera pas les choses, au contraire!

Quand on parle d'une blessure, d'une peine, d'un deuil, il est vrai que le temps arrange les choses. En ce qui concerne vos finances, il n'y a rien de plus faux. Le temps, si vous n'êtes pas dans l'action, n'arrange rien. Au contraire, il creusera le fossé davantage. Laissez-moi démystifier une à une les notions qui vous font croire que le temps finira par tout arranger.

1. Le mois prochain sera plus facile.

   FAUX! Il y a toujours des imprévus. La seule chose que l'on peut prévoir avec exactitude, c'est que les mois se suivent et ne se ressemblent pas! Oui, le prochain sera peut-être un peu mieux, mais le suivant le sera-t-il? Il est faux de croire que les choses iront mieux le mois subséquent. Surtout si on a dépensé un peu plus et que l'on doit maintenant prendre en compte une nouvelle dette. Les imprévus doivent faire partie de votre budget, car ils font partie de votre vie! Nul ne peut prétendre pouvoir prévoir l'imprévisible!

2. J'attends mon augmentation, ce qui devrait rééquilibrer le tout.

   VRAI... et... FAUX!

   Il est vrai qu'une augmentation de salaire peut aider votre situation financière. Mais comment expliquer que des gens qui gagnent 25 000$ arrivent à mettre des économies de côté alors que d'autres gagnent plus de 150 000$ et vivent au-dessus de leurs moyens? Ce qu'on gagne importe, mais ce qu'on dépense fait toute la différence!

   Afin de mettre en perspective le danger d'attendre une augmentation pour rééquilibrer son budget, faites avec moi l'exercice suivant: que feriez-vous si vous gagniez 1 000$ aujourd'hui? Je vous donne quelques instants pour y penser... et écrivez le tout sur une feuille.

   Terminé?

   Maintenant, regardez ce que vous avez écrit et réfléchissez bien. Y en a-t-il pour plus de 1 000$? Ou encore avez-vous dans votre tête fait des plans autres que ceux que vous avez écrits? Est-il possible que vous vous permettiez ce beau chandail qui vous plaît tant parce que, finalement, vous pouvez bien vous le permettre, étant donné que vous avez gagné 1 000$?

Le principe est le même pour une augmentation de salaire. Rares sont ceux qui sont capables de maintenir exactement le même rythme de vie en sachant qu'ils gagnent un peu plus par semaine. Vous seriez surpris du nombre de clients que je rencontre qui se retrouvent plus endettés à la suite d'une augmentation – car ils se sont permis une augmentation de leurs dépenses!

3. Mon bonus de fin d'année me permettra de me débarrasser de mes dettes.

   VRAI... et... FAUX!

   Encore une fois, il est possible que vous réussissiez à payer vos dettes avec votre bonus, mais avez-vous pensé à l'impôt?

   Un bonus de 5 000$ ne veut pas dire pour autant 5 000$ disponibles. N'oubliez jamais de calculer l'impact fiscal sur votre montant, sinon vous serez très, très déçu...

   La fin de l'année fiscale de votre entreprise correspond-elle à la fin de l'année normale? Cela signifie-t-il que votre bonus arrivera juste à temps pour le temps des fêtes? Avez-vous prévu des liquidités supplémentaires pour les fêtes ou, finalement, c'est votre bonus qui y passera?

   Le même principe de l'augmentation salariale s'applique aussi pour vos bonus. Il y a de fortes chances que vous vous permettiez de petits extras en sachant que vous avez eu votre prime. Des sommes qui ne seront donc pas investies au remboursement de votre dette.

Le temps n'arrangera pas les choses. Y croire est une façon presque certaine de sombrer tôt ou tard dans un gouffre financier. La volonté, quant à elle, peut-elle faire des miracles?

VRAI! La volonté peut faire de véritables miracles et rapidement!

Si vous avez la volonté d'apporter des changements et d'améliorer votre situation, vous mettrez en œuvre quelques petites actions qui auront un grand impact, et ce, rapidement. Votre volonté, contrairement au temps, arrangera réellement les choses. Dans le cas d'un deuil, malgré toute la bonne volonté du monde, on doit parfois laisser le temps panser ses plaies. Pour vos finances? C'est tout à fait l'inverse! Votre volonté peut, dès aujourd'hui, vous faire progresser vers le bon chemin.

Si vous le voulez vraiment, vous le pourrez!

Petit résumé à trimballer...

> ▸ **MON ENGAGEMENT**
>
> À partir d'aujourd'hui, avant de mettre un item dans mon panier, avant de sortir de l'argent ou une carte pour effectuer un paiement, je m'engage:
>
> 1 - à me demander si cette dépense est **absolument** nécessaire;
>
> 2 - à remettre l'item sur les tablettes si la réponse est non.

Réalités...

- Une aubaine n'est pas une aubaine si vous n'aviez pas acheté l'item au prix courant!
- Un dollar vaut beaucoup plus que un dollar. Car lorsqu'on lui accorde aucune importance, il devient rapidement des dizaines de dollars!
- Ce n'est pas parce que vos parents se sont organisés qu'il en sera de même pour vous!

- L'important, ce n'est pas ce qu'on gagne mais ce qu'on dépense!
- Plus vous épargnez jeune, plus vous disposez de temps devant vous et plus grande sera la valeur de votre investissement initial.
- Les héritages font encore partie de vos options pour la conservation du patrimoine, mais il n'est plus vrai que vous pouvez vous y fier.
- Les coupons et les circulaires peuvent finir par vous coûter très cher…
- Lors d'un désastre financier, le temps n'arrange pas les choses, au contraire…
- Les prestations gouvernementales ne suffiront pas à votre retraite. Si vous ne disposez d'aucune autre économie, vous devrez ajuster votre rythme de vie de façon draconienne et vivrez peut-être même sous le seuil de la pauvreté...
- Les récompenses ne sont pas nécessaires à la poursuite d'objectifs mais deviennent tôt ou tard inévitables.
- La volonté peut faire de véritables miracles et rapidement!

Conclusion

Et voilà! J'ai fait le tour de la question. Vous connaissez maintenant les principes essentiels afin de mettre en place une méthode de redressement budgétaire basée sur vos dépenses et habitudes de consommation.

Rappelez-vous que les plus grandes cathédrales ont été bâties une pierre à la fois. C'est à travers une série de petites décisions et actions que vous verrez une énorme différence. Vous devrez faire preuve de persévérance, au jour le jour, afin d'arriver à votre objectif: l'autonomie financière!

Comme il ne s'agit pas d'une méthode drastique, vous ne verrez pas de changements drastiques. Si vous êtes vraiment au bord du gouffre financier, vous devrez probablement vous résoudre à utiliser des méthodes de redressement financier plus draconiennes.

Récapitulons un peu. Voici les grandes étapes à suivre:

PREMIÈRE ÉTAPE:
LA GRANDE RÉCESSION ET LES DÉPENSES COURANTES

- Avant chaque dépense, posez-vous la question si cet achat est *absolument* nécessaire. S'il ne l'est pas, n'achetez pas!

DEUXIÈME ÉTAPE :
LA GRANDE RÉCESSION ET LES DÉPENSES MENSUELLES

- Évaluez et optimisez vos dépenses mensuelles.

TROISIÈME ÉTAPE :
DE LA DISCIPLINE, ENCORE PLUS DE DISCIPLINE !

- Améliorez peu à peu vos habitudes de consommation. Faites preuve de créativité afin de trouver des substituts moins coûteux.

QUATRIÈME ÉTAPE :
GÉREZ VOTRE MODE DE PAIEMENT

- Choisissez un mode de paiement qui vous convient et n'utilisez que celui-ci.

CINQUIÈME ÉTAPE :
PARLONS D'AVENIR !

- Élaborez une stratégie de remboursement de dettes et commencez à épargner en prévision du futur.

SIXIÈME ÉTAPE :
LE COURAGE DE LA PERSÉVÉRANCE

- Ayez la discipline d'évaluer vos forces et faiblesses afin de vous améliorer constamment.

*

L'avantage de cette méthode se situe dans sa latitude: vous pouvez l'appliquer ne serait-ce que partiellement. Vous le faites 20 % du temps ? Vous aurez 20 % de résultats ! C'est tout de même mieux que rien du tout !

Un des éléments primordiaux de ce guide est le temps. Vous devez avoir du temps devant vous pour vous redresser financièrement. En quelques semaines, vous verrez une amélioration significative. Mais c'est à travers une plus grande période que de réels bénéfices se feront sentir.

Finalement, à travers votre processus, vous ferez face à des réussites mais aussi à des échecs. Ne voyez pas ceux-ci comme une fatalité ou une défaite. Chaque revers vous donne l'opportunité de vous améliorer. Ne vous laissez pas enterrer par le poids de vos échecs. Utilisez-les plutôt afin de vous réorienter vers vos objectifs. En sachant les reconnaître, vous êtes beaucoup mieux positionné pour les éviter dans le futur !

*

Vous êtes maintenant maître dans l'art de contrôler vos dépenses… sans toutefois devoir faire de budget ! Jour après jour, vous peaufinerez votre art et deviendrez l'artisan de votre autonomie financière.

Maintenant… à vous d'en profiter!

Remerciements

Je tiens à remercier tous ceux qui ont participé à la réalisation de ce guide. Tout d'abord Marthe Saint-Laurent ainsi que Béliveau Éditeur sans qui ce livre n'aurait jamais vu le jour.

J'aimerais offrir toute ma gratitude à William Chaif, Ariane Lalande, Louise Lamarre, Carole Marticotte et Marilyn Vallée pour leur précieuse collaboration.

Enfin, je remercie tous mes clients qui, jour après jour, ont su m'inspirer et m'amener à me surpasser constamment.

À propos de l'auteure

Après ses études en production cinématographique à la Faculté des beaux-arts de l'Université Concordia, Caroline Lalande travaille dix ans dans le domaine de l'audiovisuel et du cinéma avant d'entreprendre une maîtrise en administration des affaires (MBA) à l'École des Hautes Études Commerciales de l'Université de Montréal (HEC). Ces études de deuxième cycle ont l'effet d'une révélation et elle se découvre une véritable passion pour la finance.

Elle change de cap et devient conseillère en sécurité financière. À ce titre, elle gère les comptes et conseille des centaines de personnes et de clients corporatifs. Toujours à l'affût des nouvelles règles et tendances du marché qui secouent la santé financière des Québécois, elle multiplie les formations spécialisées afin de se tenir à la fine pointe dans son domaine et de peaufiner ses connaissances et ses outils de gestion.

Mère de trois garçons, il lui est facile d'identifier les préoccupations auxquelles font face les familles au quotidien: surconsommation, dettes, épargne… en plus de la difficulté de se faire un buget et surtout de le suivre!

Elle décide de mettre à profit sa créativité, ses connaissances et son expérience en gestion financière pour créer un modèle novateur et infaillible pour rétablir l'équilibre des finances personnelles. Vous pouvez la contacter à:

caroline@carolinelalande.com

Achevé d'imprimer
sur les presses de
Imprimerie H.L.N.
Imprimé au Canada - Printed in Canada